Nicol Ljubić
Genosse Nachwuchs

Nicol Ljubić

Genosse Nachwuchs

Wie ich die Welt verändern wollte

Deutsche Verlags-Anstalt
München

Bibliografische Information Der Deutschen Bibliothek
Die Deutsche Bibliothek verzeichnet diese Publikation
in der Deutschen Nationalbibliografie; detaillierte
bibliografische Daten sind im Internet über
http://dnb.ddb.de abrufbar.

2. Auflage 2004

Lektorat: Tamara Trautner, Berlin
Satz und Layout: BK-Verlagsservice, München
Gesetzt aus der Rotation
Druck und Bindearbeit: Pustet, Regensburg
Printed in Germany

ISBN 3-421-05775-3

Für Nataly und Elias
Mein Glück!

Inhalt

»Warum tust du dir das an?«

Ich erfuhr es aus dem Radio. Kohl war gestürzt, nach 16 Jahren abgewählt. Ich saß im Auto, die Ampel war gerade auf Rot gesprungen, ich kurbelte die Scheibe herunter und reckte die Faust gen Himmel. So musste sich eine Revolution anfühlen. Es war eine Euphorie, wie ich sie bis dahin nur aus dem Stadion kannte, wenn Werder Bremen kurz vor dem Abpfiff das Siegtor schoss. Vielleicht war es so den Menschen gegangen, die 1989 auf der Mauer tanzten – gelöst und aufgeregt zugleich, so sehr im Moment gefangen, dass nichts anderes von Bedeutung war.

Vom Mauerfall hatte ich, glaube ich, aus dem Fernsehen erfahren, damals war ich 17 und fühlte mich in Bremen so weit weg vom Geschehen, dass es mich kaum berührte. Ich weiß noch, dass wir bald darauf Schüler aus Greifswald zu Besuch hatten und einer meiner Klassenkameraden zur Begrüßung eine DDR-Fahne anzündete, dass es deswegen Streit gab und wir nicht so recht verstanden, wieso. An den Tag des Mauerfalls selbst aber habe ich keine Erinnerung.

Wohl aber an den 27. September 1998. Hamburg, Holstenstraße Ecke Max-Brauer-Allee, kurz nach 18 Uhr. Ich war auf dem Weg zur Wahlparty bei einem Freund. Am Tag zuvor schon hatten wir Bier gekauft und Sekt, so sicher waren wir uns. Und trotzdem war ich den ganzen Tag nervös gewesen, angespannt, ich musste immerzu an die 1994er-Wahl denken, an den Anruf meiner Mutter nach der ersten Hochrechnung. »Kind«, hatte sie gesagt, »glaub mir, das ist besser so.« Und ich hätte fast geheult. Zu oft hatte ich diesen Satz gehört und immer waren Entbehrungen damit verbunden gewesen: Mit den Worten hatte man mir erklärt, warum ich noch zu jung war für ein Mofa, warum ich nicht mit den anderen in die Disco fahren und nicht bei Mädchen übernachten durfte.

In meinem Bewusstsein hatte es immer nur einen Kanzler gegeben: Helmut Kohl. An die Zeit davor, an Helmut Schmidt und Willy Brandt, habe ich keine Erinnerung. Ich weiß nur, dass meine Mutter einmal sagte, Brandt sei eine »Schnapsnase«. Und als ich zum ersten Mal das Foto vom Kniefall sah, war mein erster Gedanke: Der ist im Suff gestürzt. Kohl hingegen war allgegenwärtig gewesen. Dass er regierte, hatte ich für ein Naturgesetz gehalten. Er war ins Amt gekommen, als ich elf war, und ging kurz vor meinem 27. Geburtstag. So vieles war in jenen 16 Jahren passiert: Ich hatte mich an Videorekorder und Computer, Mikrowellenherde und CDs gewöhnt. Ich hatte den ersten Kuss erlebt, Pickel, Petting und das erste Mal. Da waren das Abi, die erste Reise ohne Eltern und die erste Bundestagswahl gewesen (auch wenn sich durch sie nichts änderte), dann die erste Wohnung, der Führerschein, Zivildienst, die zweite Bundestagswahl (auch die änderte nichts), das Studium und eine dreijährige Beziehung.

Spätestens nach Kohls Wiederwahl im Oktober 1994 hatte ich den Glauben daran verloren, dass sich politisch jemals etwas ändern könnte. Und schuld daran war, so dachte ich, die Generation meiner Eltern. Die mit nichts angefangen, sich mit den Jahren Wohlstand erarbeitet hatte und nichts mehr fürchtete, als dass Kriminelle oder Genossen ihr etwas wegnehmen könnten. Menschen wie meine Eltern hatten es »zu etwas gebracht«, weil sie noch »anpacken« konnten, wenn es sein musste, weil sie »Überstunden kloppten« und sich

»für keine Arbeit zu fein« waren. In ihrem Bewusstsein gab es nicht zu wenig Arbeit, sondern zu hohe Ansprüche. Vom Umverteilen und dem Solidaritätsgedanken der SPD hielten sie nicht viel.

Wenn meine Eltern in jener Zeit Besuch bekamen und ich mich um »schöne« Musik kümmern sollte, legte ich das Lied »Deutschland« der Punkband »Slime« auf. Ich besaß es in einer unzensierten Version. Meine Eltern und ihre Gäste unterhielten sich beim Essen über die wachsende Kriminalität, während eine Stimme im Hintergrund von Faschisten und Multis sang, die dieses Land beherrschten, und im Refrain grölte: »Deutschland muss sterben«. Das war meine Revolte, aber es schenkte ihr niemand Beachtung.

In der Schule gingen die Kohl-Witze um. »Auf einer Party bei Reagans wird der berühmte Rugby-Spieler McGregor dem Kanzler vorgestellt. Sagt Kohl: ›Es würde mich freuen, wenn Sie uns später etwas auf Ihrem Rugby vorspielen könnten.‹« Zu Hause konnte darüber niemand lachen.

Für mich war Kohl der Kanzler der Vorgärten und Jägerzäune, er stand für Urlaub am Wolfgangsee, Pfälzer Saumagen, Volksmusik und Selbstzufriedenheit. Als er abgewählt wurde, saßen meine Eltern vor dem Fernseher und sahen das Ende nahen: Die Sozen würden es schon schaffen, die Republik zu ruinieren, schließlich hatten sie schon Gesamtschulen eingeführt und Bremen zum ärmsten Bundesland gemacht.

Als ich an jenem Abend des 27. September bei meinem Freund ankam, waren die anderen schon in Partylaune. Die Sektkorken knallten, im Fernsehen liefen die neuesten Hochrechnungen, auf allen Sendern war Gerhard Schröder zu sehen, und immer wieder schrie jemand »Jaaa!« und ballte die

Faust. Wir klopften uns gegenseitig auf die Schultern. Wir hatten es geschafft! Ab jetzt würde endlich alles anders werden. Wir waren voller Tatendrang, wollten den »Musikantenstadl« abschaffen, Jägerzäune einreißen und Saumagen von den Speisekarten streichen. Ein neuer Geist sollte dieses Land durchwehen. Die meisten meiner Freunde waren keine SPD-Anhänger, Schröder mochten wir auch nicht sonderlich, aber wir waren ihm dankbar, dass er uns die Hoffnung wiederbrachte. Die Hoffnung auf Veränderung und den Glauben an die Politik.

An den Tagen nach der Wahl war ich wie aufgedreht. Ich stieg gut gelaunt aus dem Bett, fand auf einmal alles schön – meine Wohnung, die Bäume, die Stadt – und wollte mich mit möglichst vielen Menschen austauschen. Es war wie eine Befreiung, ich empfand selbst Fremden gegenüber eine Verbundenheit, so wie es manchmal geschieht, wenn man über Fußball redet und feststellt, Fan derselben Mannschaft zu sein. Für mich war es das erste Mal, dass ein politisches Ereignis etwas Verbindendes hatte; bis dahin kannte ich solche »identitätsstiftenden« Ereignisse nur aus Erzählungen: Studentenproteste, Brokdorf, Nato-Doppelbeschluss.

Unsere Eltern erinnern sich an die erste Mondlandung und die Ermordung Kennedys – wir erinnern uns an Schröders Wahltag. Mark saß in Paris, allein in seinem Studentenzimmer, und hörte die Live-Berichterstattung aus Bonn auf Radio France Internationale. Erleichterung und Freude habe er verspürt, als er am nächsten Tag durch Paris ging und Schröder auf den Titelseiten der französischen Zeitungen sah. Und Stolz, weil auch Deutschland in der Lage war, sich zu verändern. Tom lebte damals in Bonn und zog am Abend noch ins Erich-Ollenhauer-Haus zur SPD-Wahlparty. Auf dem Weg dorthin kam ihm ein Grüppchen Jung-Unionisten entgegen. »Schönen Abend noch«, sagte er im Vorbeigehen und konnte sich die Schadenfreude kaum verkneifen. Meine Freundin war als Journalistin in Bonn, um aus der Kampa zu berichten. Wie im Auge eines Orkans habe sie sich gefühlt, erzählt sie. Ein Orkan, der in Bonn ausgebrochen war und nun das Land durcheinander wirbeln würde.

Heute, sechs Jahre später, eint uns ein anderes Gefühl: die Enttäuschung. Von Euphorie ist längst nichts mehr zu spüren, eigentlich hielten sich Hoffnung und Begeisterung nur wenige Monate. 16 Jahre lang war die SPD in der Opposition gewesen, 16 Jahre lang hätte sie sich auf einen Regierungswechsel vorbereiten können, dann kam der Wechsel, und es schien, als hätte niemand einen Plan. Damals hatte die SPD sogar noch die Mehrheit im Bundesrat, sie hätte richtig loslegen können. »Grundlegende Erneuerung von Wirtschaft, Staat und Gesellschaft«, lautete das Versprechen, Schröder redete vom »Generationswechsel« und verkündete, dass die neue Regierung Deutschland wieder zu einem »Bewegungsort« machen wolle. Schon Monate zuvor hatte er als Präsident des Bundesrats in Bonn ein Sommerfest organisiert, auf dem nicht wie üblich ein Streichquartett auftrat, sondern die »Scorpions«. Das erweckte Hoffnung, auch wenn die »Scorpions« schon 1998 als Seniorenband galten. Aber immerhin hatten wir jetzt einen Kanzler, der Rockmusik hörte, bei »Wetten, dass...?« auftrat und vom Spaß am Regieren sprach. Umso enttäuschender war dann die zunehmende Gewissheit, dass sich trotz aller Versprechen wenig verändern sollte. Im Nachhinein ist eine kleine Szene bezeichnend: Als der Koalitionsvertrag zwischen der SPD und den Grünen unterzeichnet werden sollte, fehlten dem Kanzler ein Füller und Oskar Lafontaine die Brille.

Schon bald traten die ersten Minister zurück – insgesamt sollten es acht in vier Jahren werden: Oskar Lafontaine, Bodo Hombach, Franz Müntefering, Reinhard Klimmt, Andrea Fischer, Karl-Heinz Funke, Michael Naumann und Rudolf Scharping. Im Grunde fing es schon 1998 mit Jost Stollmann an, der noch vor seiner Vereidigung als Wirtschaftsminister das Weite suchte. Am härtesten traf mich der Abgang Lafontaines, denn mit ihm verschwand meine Hoffnung auf soziale Politik. Ich weiß noch, wie meine Freundin mich anrief und schrie: »Oskar hat hingeschmissen.« Ich saß den halben Tag vor dem Fernseher und konnte es nicht fassen. Warum gab ein Mensch, der sein Leben der Politik verschrieben hatte, in dem Moment auf, als er sein Ziel erreicht hatte? Ich verstehe es bis heute nicht. So wenig wie die Politik des Trial and Error, dieses Chaos, das Rot-Grün damals veranstaltete. Hatten die tatsächlich so wenig Ahnung vom Regieren? Und dann die Schmach, als mein Vater irgendwann sagte: »Siehste, deine Sozen. Hab ich's nicht gleich gesagt? Die können es einfach nicht.«

Was ist nach sechs Jahren Rot-Grün geblieben? Eine Riester-Rente, von der es heißt, sie müsse noch mal überarbeitet werden. Eine Gesundheitsreform, von der es schon nach wenigen Tagen hieß, sie werde nur ein paar Jahre überdauern. Das Desaster der LKW-Maut. 4,5 Millionen Arbeitslose, davon fast eine halbe Million junge Menschen unter 25 Jahren. Ein Kabinett, dessen Altersdurchschnitt – wie war das noch mit dem Generationswechsel? – höher ist als unter Kohl.

So etwas wie Stolz habe ich nur ein einziges Mal gespürt: als die Regierung eine Beteiligung am Irakkrieg verweigerte. Das wäre unter der CDU nicht möglich gewesen.

Auch die Einführung der Homo-Ehe nicht. Ich hatte mir vom Regierungswechsel einen Wertewandel versprochen, der den Fortschritt der Gesellschaft widerspiegelt. Dazu gehörte die Einsicht, dass es Schwule und Lesben gibt und uneheliche Kinder, dass Ausländer für die Gesellschaft mehr Bereicherung als Gefahr sind, dass Mütter nicht zwangsläufig am Herd stehen müssen und dass mit Kultur nicht Privatfernsehen gemeint ist. Ich hatte die Hoffnung, dass die rot-grüne Regierung versuchen würde, die Interessen aller sozialen Schichten zu vertreten. Stattdessen scheint sie eher eine Interessenspolitik zu betreiben, die auf der Überzeugung basiert: Geht es den Unternehmen gut, geht es dem Land gut. Und deshalb werden die Unternehmer entlastet und begünstigt. Die Wirtschaft ist das Maß aller Dinge, wichtiger als Umweltschutz, Familie und Kinder. »Wenn Politik nichts weiter als Wirtschaftspolitik ist«, schreibt der Soziologe und SPD-Anhänger Oskar Negt, »definieren die wirtschaftlich Mächtigen, worin politische Verantwortung besteht.«

Vor kurzem kommentierte ein Manager von DaimlerChrysler im Fernsehen die Präsentation einer neuen Nobelkarosse mit den Worten, der Wagen sei ihr Beitrag zum Aufschwung. Habe ich das richtig verstanden? Weil DaimlerChrysler Autos baut, die sich nur Reiche leisten können, soll es uns allen besser gehen?

Von einer linken Regierung hatte ich nicht erwartet, dass sie sich so sehr der Wirtschaft unterwerfen würde. Ich glaube längst nicht mehr daran, dass Unternehmen, die Gewinne machen, automatisch mehr Menschen einstellen, oder daran, dass Manager das Wohl der Gesellschaft vor Augen haben.

Nach sechs Jahren Rot-Grün frage ich mich: Was ist aus der grundlegenden Erneuerung von Wirtschaft, Staat und Gesellschaft geworden? In Diskussionen mit Freunden fällt quasi als Trost immer wieder der Satz: »Unter einer CDU-Regierung wäre alles noch schlimmer.« Letztlich hat die SPD deswegen auch die Bundestagswahl 2002 gewonnen. Da lautete die Frage: »Willst du Stoiber als Kanzler?« Nein, wollte ich nicht. Aber auch die SPD hatte es nicht verdient weiterzuregieren.

Ich kenne keinen Menschen in meinem Alter, der eine Partei wählt, weil er sie rundum gut findet, ohne Bauchschmerzen. In der Regel geht es darum, sich für das kleinere Übel zu entscheiden.

Was bleibt, ist der Eindruck: Politik ist längst austauschbar. In den Grundsatzprogrammen mag es zwischen SPD und CDU noch Unterschiede geben, die Realpolitik aber bügelt sie weitgehend aus. Die großen Reformen, ob Agenda 2010 oder die Gesundheitsreform, sind sowieso schon längst ein Gemeinschaftsprodukt. Wie oft höre ich den Satz: »Ist doch egal, wen ich wähle, es ändert sich ja doch nichts.« Die Folge: Ich kenne immer mehr Menschen in meinem Alter, die beschlossen haben, gar nicht mehr zu wählen.

So bitter die jüngsten Umfragewerte für die SPD und so hervorragend sie für die CDU scheinen, die wirklich interessante Zahl ist eine andere: Laut Politbarometer trauten im März 2004 nur 28 Prozent der CDU zu, es besser zu machen. Einer Umfrage des Forsa-Instituts zufolge vertrauen nur noch 12 Prozent der Deutschen den politischen Parteien. Wäre es da nicht ehrlicher, gar nicht mehr zu wählen?

Nach wie vor empfinde ich hohen moralischen Druck, wählen zu gehen. Von Verantwortung ist die Rede und davon, dass eine nicht abgegebene Stimme eine Stimme für die Rechten sei. So ging auch ich am 22. September 2002 wieder wählen, ohne Überzeugung, ohne Vertrauen in eine Partei und ohne Glauben, dass sich wirklich etwas bewegen würde. Diese Hoffnung hatte die Regierung Schröder in den vergangenen vier Jahren zerstört. Und das Schlimmste ist vielleicht: Sie hatte auch die Hoffnung auf eine Alternative zerstört.

Ich machte meine Kreuzchen gegen Stoiber. Das war die einzige Motivation. Es heißt, die Parteien seien nicht mehr ideologisch, sondern marktorientiert. Als Unternehmen, die ein Produkt verkaufen müssten, wären sie allerdings längst pleite – was sie am Leben hält, ist nicht die Qualität ihres Produkts, sondern das schlechte Gewissen ihrer »Kunden«. Wenn dieser moralische Druck mal nicht mehr ausreichen sollte, dann wird vermutlich die Wahlpflicht eingeführt.

Ich frage mich in aller Naivität, wie es sein kann, dass ich unter 80 Millionen Menschen für das mächtigste Amt des Landes nur die Auswahl habe zwischen Gerhard Schröder und Edmund Stoiber. Gut finde ich keinen von beiden und ob sie die Besten sind, das bezweifele ich. Auf jede andere Stelle kommen unzählige Bewerber, selbst Callcenter können sich ihre Leute aus einer riesigen Anzahl überqualifizierter Bewerber aussuchen. Nur Schröder hat keinen ernst zu nehmenden Konkurrenten. Wer käme eigentlich dran, wenn er sein Amt hinwürfe?

Warum bekleiden die klügsten Männer und Frauen des Landes offenbar nicht die höchsten Funktionen, sondern dienen lieber den Profitinteressen einzelner Firmen? Liegt es daran, dass öffentliche Ämter undankbar sind, weil man es niemanden recht machen kann? Dass man zu wenig verdient? Dass Kritisieren leichter fällt als Entscheiden? Oder dass der Weg in diese Ämter eine jahrzehntelange Ochsentour durch die Parteihierarchie ist?

In meinem Bekanntenkreis ist niemand Mitglied einer Partei. Zwei Freundinnen waren mal bei den Jusos, aber nur kurz, weil sie schon bald keine Lust mehr hatten, immer nur Infostände zu organisieren und an end- und ergebnislosen Debatten teilzunehmen. Auch ich hätte bis vor kurzem nicht daran gedacht, einer Partei beizutreten. Die Zeit, dachte ich, kann ich sinnvoller nutzen: Bücher lesend, vor dem Fernseher sitzend, mit Freunden. Und mich trotzdem als politischer Mensch fühlend, weil ich gelegentlich Sabine Christiansen schaue und mit Freunden über die aktuelle Lage streite. Dann aber las ich eine kleine Zeitungsmeldung: »Die Berliner SPD hat ein Altersproblem: Nur noch 36 von 19 000 Mitgliedern sind jünger als 18 Jahre. Landesgeschäftsführer Ralf Wieland berichtete, etwa 17 Prozent seien unter 35 Jahre alt, doch sei die Zahl der Senioren (60+) mit 35 Prozent doppelt so hoch.« Zwar verwunderte es mich nicht, machte mir aber ein schlechtes Gewissen. Es war ein bisschen so, als hätte ich gesehen, wie eine alte Frau stürzt, und darauf gehofft, dass sich andere schon kümmern werden.

Was bedeutet es, wenn die Parteien kaum noch Nachwuchs haben? Dass die SPD in zwanzig Jahren nicht mehr Volks-, sondern Elitenpartei sein wird, in der vornehmlich Juristen sitzen, die rechtzeitig ihre Karrierechance gewittert haben? Führt all dies zum viel beschworenen Verfall der politischen Ordnung? Wer übernimmt Verantwortung für die Zukunft? Wäre das nicht die Aufgabe für uns Junge? Schließlich sind wir es, die später für die heutige Politik zahlen müssen.

Ich stelle mir vor, meine Eltern hätten ihr Leben auf Pump finanziert: das Haus, in dem ich aufgewachsen bin, das Auto, all die Urlaube. Sie hätten sich nicht um meine Bildung gekümmert und den Garten verkommen lassen. Es ist absurd, weil meine Eltern im Gegensatz zum Staat bestens für mich vorgesorgt haben. Die Schule war ihnen immer wichtig, und sie sparen schon ihr ganzes Leben, damit mir später etwas bleibt. Ich gehöre zur ersten Erbengeneration. Gleichzeitig reich und arm.

Zwei Billionen Euro werden bis zum Jahr 2010 vererbt, das sind 2000 Milliarden. Gleichzeitig ist der Staat so pleite, dass jeder Säugling heute mit 16 500 Euro Schulden auf die Welt kommt. Nahezu alle politischen Entscheidungen fallen aus Geldnot. Öffentliche Einrichtungen werden geschlossen, Schulen verfallen und Stellen werden nicht neu besetzt. Selbst die Reformen werden nur gemacht, weil kein Geld mehr da ist für die staatlichen Sozialsysteme. Durch die stetig wachsenden Schulden wird der Handlungsspielraum in Zukunft immer kleiner. Schon im Jahr 2008 wird fast jeder fünfte Euro in die Schuldentilgung fließen, sechsmal so viel wie in den Bereich Bildung und Forschung. Es gehört natürlich wesentlich weniger Mut dazu, die Zukunft zu belasten als die Gegenwart. Gegen Schuldenerhöhung geht niemand auf die Straße, ein umfassender Abbau von Subventionen hingegen löst überall Proteststürme aus.

Aber wer von uns Jüngeren wehrt sich gegen diese Politik? Ich nicht. Schließlich ist das alles sehr abstrakt. Stünde der Gerichtsvollzieher vor der Tür und verlangte 16 500 Euro, nähme ich es ernst. So aber kann ich mir vormachen, dass die allgemeine Misere nichts mit mir zu tun hat. Und dass Berlin niemals pleite gehen wird. Schließlich ist eine Stadt kein Laden, den man einfach dicht machen kann. Oder doch?

Wie ließe sich Politik ändern? Warum tun wir es nicht? Fehlt uns das Ziel vor Augen? Sind wir zu bequem? Ist uns, der »Spaßgeneration«, alles egal – im Gegensatz zu der Generation Schröders, die aus Machtstreben und Idealismus in Scharen in die Partei eintrat und die ältere Generation vertrieb? Vor kurzem teilte ich mir ein Zugabteil mit einem Berliner Universitätsprofessor. Den Studenten mangele es an Bereitschaft, sich auch mal zu »quälen«, behauptete er. Sie fühlten sich schnell überfordert und klagten, zu viel lernen zu müssen. Hat er Recht?

Wenn ich meinen Eltern erkläre, dass mir Studium und Beruf Spaß und Selbstverwirklichung bringen sollen, sieht mein Vater mich an, als wäre ich gerade einem Ufo entstiegen. Aber ich kann mir beim besten Willen nicht vorstellen, lebenslänglich einen Beruf auszuüben, der mir keinen Spaß macht. Es geht allen so, die ich kenne. Ob der Traum einer sinnvollen Beschäftigung letztlich in Erfüllung geht, ist eine andere Frage. Aber der Anspruch ist da. Ist das ein Luxus, den sich unsere Gesellschaft nicht mehr leisten kann?

In einer Partei zu sein, habe ich nie mit Spaß verbunden, sondern mit Frust und Intrigen, die man auch noch ehrenamtlich auf sich nehmen muss. So wichtig es auch sein mochte, sich zu engagieren, den Frust wollte ich mir ersparen. Dabei habe auch ich den romantischen Wunsch, etwas für das Allgemeinwohl zu tun. Wie erfüllt muss das Leben von Menschen sein, die als Entwicklungshelfer oder für die UNO arbeiten! Auch vor Krankenschwestern und Altenpflegern habe ich größten Respekt, weil sie ihr Leben trotz schlechter Bezahlung in den Dienst der Menschen stellen. Obwohl auch Politiker sich für »die Gesellschaft« einsetzen und jahrzehntelang jede freie Stunde ihrem Job opfern, unterstelle ich ihnen eher Egoismus und Machtstreben, so unfair ein solches Pauschalurteil natürlich ist. Aber es ist das Bild, das ich habe. Außer Mahatma Gandhi und Nelson Mandela würde ich keinen Politiker als Vorbild bezeichnen. Politiker haben, und das ist keine neue Erkenntnis, ein Imageproblem. Vielleicht ist dies sogar das größte Problem unserer Demokratie. Wer geht schon in die Politik, wenn jeder zweitklassige Fußballer mehr Anerkennung erfährt? In einem Interview mit dem »Spiegel« sagte Schröder: »Es wird immer weniger Leute geben, die sich politisch engagieren, (...) weil sie dabei ein Missverhältnis zwischen der unvermeidlichen Belastung und der Würdigung ihrer Arbeit sehen.«

Eine Bekannte, Mitarbeiterin eines Bundestagsabgeordneten, erzählte mir, dass sie sich im Alltag kaum traue zu sagen, was sie beruflich macht. Weil sie dann angeschaut werde wie eine Aussätzige.

Als ich einem Freund von meinen Überlegungen erzählte, in eine Partei einzutreten, sah er mich an und fragte: »Warum willst du dir das antun?« Parteimitgliedschaft scheint nicht mehr zeitgemäß zu sein. Wenn Medien auf Stars mit der Halbwertszeit eines Zlatko setzen, wenn man kaum noch einen Film zu Ende schaut, ohne zwischendurch umzuschalten, politische Affären nach Wochen schon im Nebel des Vergessens verschwinden, wenn keine sichere Karriereplanung mehr möglich ist, weil die Zeiten vorbei sind, in denen man einer Firma von der Lehre bis zur Rente treu blieb – wie sollen dann Parteien funktionieren, die von ihren Mitgliedern erwarten, dass sie sich zehn Jahre oder länger kontinuierlich abmühen? So etwas entspricht eher der Einstellung meiner Eltern als meiner. Für die war es selbstverständlich, ein Leben lang einer Firma oder einem Verein anzugehören, mir macht schon der Gedanke Angst.

Weiß ich, wo ich morgen wohnen werde? Welchen Job ich haben werde? Mit welcher Frau ich leben werde? Ich bin 32, war, bevor ich mich entschied, als freier Journalist zu arbeiten, in drei verschiedenen Redaktionen beschäftigt, in Hamburg, München und Berlin. Den meisten meiner Bekannten geht es ähnlich. Allein im vergangenen Jahr haben drei meiner besten Freunde aus beruflichen Gründen die Stadt verlassen. Sechsmal wird im Durchschnitt der Job gewechselt, und mehr als die Hälfte der Stellenwechsel sind mit einem Umzug verbunden. Viele führen ein Leben, in dem immer alles möglich zu sein scheint, und wollen sich nicht festlegen. Wer dazu erzogen wurde, möglichst flexibel zu sein, um den ökonomischen Anforderungen gerecht zu werden, dem wird es schwerfallen, sein Leben einer Partei zu widmen. Vielleicht ist dies auch das Ergebnis einer Politik, die Eigenverantwortung fordert und Risiken zunehmend individualisiert. Macht diese Politik die Menschen am Ende vielleicht zu Einzelkämpfern ohne jedes solidarische Empfinden?

Es ist nicht so, dass junge Menschen grundsätzlich unpolitisch sind. Es gibt junge Menschen, die um die halbe Welt reisen, um gegen Wirtschaftsgipfel zu demonstrieren. Sie engagieren sich bei Attac oder gehen zu Tausenden gegen den Irakkrieg auf die Straße; Studenten protestieren wochenlang gegen Kürzungen des Bildungsetats. Könnten sie nicht am meisten erreichen, wenn sie in politische Parteien einträten und deren Programme mitbestimmten? Schließlich sind es die Parteien, die Gesetze machen und verabschieden. Alle anderen Formen von Engagement – wie Demonstrationen oder Attac – können auf Missstände aufmerksam machen, aber die Probleme lösen können nur gewählte Politiker. Innerhalb einer Partei reichen manchmal einige hundert Stimmen für die Mehrheit. Wenn ich mir vorstelle, all die Studenten, die wochenlang gegen die Kürzungen im Bildungsetat protestiert haben, wären in die SPD eingetreten – sie hätten der Partei eine neue Richtung geben können. Wenn auch nicht von einem Tag auf den nächsten. Die Meinungsbildung funktioniert doch von unten nach oben – oder nicht?

2003 sind bundesweit gerade mal 5000 Menschen unter 35 in die SPD eingetreten. 1975 waren mehr als 300 000 SPD-Mitglieder jünger als 35, heute sind es nur noch etwa 65 000 Mitglieder, von über 30 Millionen Menschen dieser Altersgruppe in Deutschland. Bundesweit beträgt der Anteil der 19- bis 21-jährigen SPD-Mitglieder 0,71 Prozent, der Anteil der 22- bis 25-jährigen 1,64 Prozent und der Anteil der 26- bis 29-jährigen zwei Prozent.

Die 68er werfen uns 30-Jährigen vor, unpolitisch zu sein. In der Tat beschränkte sich mein politisches Engagement der vergangenen Jahre darauf, regelmäßig zur Wahl zu gehen und an einer Demonstration gegen den Irakkrieg teilzunehmen. Auf die Frage, warum ich nichts tue, wüsste ich nur Ausreden. Wo ist der Antrieb, etwas zu verändern? Wo ist die Wut? Die Menschen in meinem Umfeld empören sich über die Politik von US-Präsident George W. Bush, aber das ist eine bequeme

Empörung, denn dieser »Feind« kommt nicht aus dem eigenen Land. Aber sonst? Die Feinde der 68er sind nicht mehr meine Feinde. Die meisten Nazi-Verbrecher sind mittlerweile unter der Erde. An die Springer-Presse habe ich mich längst gewöhnt, lese sogar gelegentlich die »Bild«-Zeitung. Auch Kohl konnte 16 Jahre lang regieren, ohne dass ich deswegen auf die Straße gegangen wäre. Ich habe mich arrangiert.

Wahrscheinlich haben sich alle irgendwie arrangiert – und genau das ist das Problem. Der Wohlstand macht es uns leicht, uns zu arrangieren. Ich habe eine Wohnung, einen Fernseher, ein Auto – auch die zehn Euro Praxisgebühr kann ich verkraften. An den großen Umsturz glaube ich ohnehin nicht mehr. Alle Utopien jenseits des Kapitalismus sind zerstört. In der Schule haben wir noch Hausarbeiten über den Sozialismus und den Kapitalismus geschrieben und über Marx diskutiert. Damals gab es noch den Traum von einer besseren Gesellschaft. Aber jetzt scheint die Zeit des Träumens vorbei zu sein. Die Generationen nach mir werden Karl Marx für einen Bruder von Groucho, Harpo und Zippo halten.

»Eigentlich müsste man etwas tun«, höre ich oft. Es scheint, als hätte nahezu jeder ein schlechtes Gewissen – sich aufregen und nichts tun, eigentlich passt das nicht zusammen. Aber was, bitte, soll man tun, wenn man nicht mal genau weiß, wofür oder wogegen man ist?

Manchmal stelle ich mir vor – mein Schreckensszenario – ein Kamerateam lauert mir auf der Straße auf. »Tschuldigung, wir machen eine Umfrage, stellen Sie sich vor, Sie wären Kanzler: Was wären Ihre Ziele?« Ich würde vermutlich ziemlich herumstottern. Alle Macht der Wirtschaft – damit mag ich mich nicht anfreunden. Ist es nicht die Aufgabe des Staates, sich um die

Schwächsten zu kümmern? Der Sozialstaat sei pleite, heißt es, und dass es nichts zum Umverteilen gebe. Und was ist mit den zwei Billionen Euro, die vererbt werden? Von Chancengleichheit ist die Rede und davon, dass Bildung die Zukunft sei. 71 Prozent der Studierenden sind Kinder aus Akademikerfamilien. Nur 12 Prozent kommen aus Arbeiterfamilien.

Vor kurzem besuchte mich eine Bekannte aus Brasilien. Wir waren essen, und danach schlug ich vor, noch durch den Park zu spazieren. Sie schaute mich entsetzt an und sagte dann: »Ach ja, wir sind ja in Deutschland. Hier kann man abends durch Parks spazieren, ohne Angst haben zu müssen. Das ist das Tolle an Deutschland.« Ist das nicht eine Lebensqualität, die wir auch dem Sozialstaat zu verdanken haben?

Ich habe das Gefühl, wir befinden uns in einer Phase, in der wie selten zuvor über unsere Zukunft entschieden wird. Zum ersten Mal habe ich das Gefühl: Es reicht mir nicht, vor dem Fernseher zu sitzen und mir anzuschauen, was passiert.

Also doch, allen Vorurteilen zum Trotz, in eine Partei eintreten? Gerade jetzt scheint dafür die Zeit gut. Junge Menschen, heißt es, würden in den Parteien händeringend gesucht. Weil auch die um ihre Zukunft bangen.

Früher, in Bremen, musste ich fast täglich an einer großen Villa mit verhangenen Fenstern vorbeifahren – hier traf sich eine Freimaurerloge. Ähnlich geheimnisvoll erscheinen mir die Parteien, und ich bin nicht der Einzige, der nichts über sie weiß. Bei einem Abendessen mit Freunden zeigt sich: Die meisten von ihnen wissen nicht einmal, wie man Mitglied wird, ob es etwas kostet und was man als Mitglied so machen kann. Und es sind allesamt durchaus politisch interessierte Menschen.

Ich habe beschlossen, der SPD beizutreten. Ich möchte wissen, welche Möglichkeiten sich mir bieten, mich zu engagieren, wer die jungen Menschen sind, die, weil sie an die Partei glauben, Luftballons aufpusten und Bier ausschenken. Warum SPD? Sie ist eine Volkspartei, ihr Grundgedanke die soziale Gerechtigkeit. Und sie ist mir nach wie vor emotional näher als die CDU.

Also: Schluss mit Phlegma und Verdrossenheit. Ich werde Genosse.

Wie ein Genosse mir hilft, die SPD einzutreten

Der Tag, an dem ich mich aufmache, die Gesellschaft zu verändern, ist der 16. Oktober 2003. Ein windstiller Tag. Die rote Fahne auf dem Dach des Willy-Brandt-Hauses hat sich schlaff um den Mast gewickelt. Ein Sinnbild? Fällt die SPD in sich zusammen? Sie hat 2003 so viele Mitglieder verloren, wie seit fünfzig Jahren nicht: mehr als 43 000. Seit dem Amtsantritt Schröders 1998 haben 125 000 Genossen der Partei den Rücken gekehrt, das sind 16 Prozent. Nach der gewonnenen Bundestagswahl 2002 hat sie drei Landtagswahlen verloren und ist seit Beginn der Erhebungen im Politbarometer im Jahr 1977 erstmals unter 30 Prozent gerutscht. Zwar ist die nächste Bundestagswahl erst 2006, doch scheint mir, als könne nur ein Wunder helfen.

Da erfasst mich von hinten eine Böe, Blätter wirbeln auf, die Fahne befreit sich und flattert hoch oben im Wind. Der Kanzler steht an der Tür, zwei Sektgläser in der Hand. »Ein neuer Genosse«, ruft er, »es geht wieder aufwärts.« Jetzt wird die SPD jede Wahl gewinnen…

Die Wirklichkeit sieht anders aus. Der Haupteingang ist verschlossen. Ich könnte an der Tür rütteln und hätte meine Legende. Später, als Parteivorsitzender, könnte ich sagen: »Ja, damals, ich habe an der Tür gerüttelt, und als niemand mich reinlassen wollte, habe ich einfach den Hintereingang gesucht.« Verschweigen würde ich, dass ich in meiner Aufregung einen Hinweis an der Tür übersehen hatte: »Falls dieser Eingang verschlossen ist, benutzen Sie bitte den Eingang in der Passage.«

Warum ich aufgeregt bin? Weil ich keine Vorstellung habe, was mich erwartet. Wie wird man überhaupt Mitglied? Muss ich einen Aufnahmetest bestehen? Ein Einstellungsgespräch über mich ergehen lassen? *Warum möchten Sie ausgerechnet in die SPD eintreten? Nennen Sie drei Dinge, für die die SPD steht. Wer hat die SPD gegründet? Wie hieß der erste Kanzler? Welche Präsidenten waren SPD-Mitglieder?* Kann man beim Versuch, Parteimitglied zu werden, durchfallen? Um ehrlich zu sein, ich weiß nicht viel über die SPD. Ich weiß, dass sie aus der Arbeiterbewegung hervorgegangen ist, dass sie Deutschlands älteste Partei ist und als Einzige gegen Hitlers Ermächtigungsgesetz gestimmt hat. Brandt, Schmidt, Wehner – natürlich sagen mir diese Namen etwas, aber müsste ich Details ihrer Politik auf den Punkt bringen, wäre ich so verloren wie damals im Matheunterricht.

Ältere Genossen würden vermutlich die Hände über dem Kopf zusammenschlagen. Da haben sie ein Leben lang für diese Partei gekämpft, wurden von den Nazis verfolgt oder von der SED. Und nun sollen Menschen wie ich ihr Erbe weiterführen – Menschen, die beim Namen Schumacher an Michael denken und nicht an Kurt (zur Weiterbildung: Schumacher, Kurt, Politiker. Geboren in Culm am 13.10.1895, gestorben in Bonn am 20.8.1952. 1933–45 in verschiedenen Konzentrationslagern inhaftiert. Wirkte nach dem deutschen Zusammenbruch führend an der Wiederbegründung der SPD mit.)?

»Ich möchte in die SPD eintreten!« Diesen Satz habe ich geübt, zu Hause vor dem Spiegel, mit verschiedenen Betonungen, mal auf »möchte«, mal auf »SPD«. Es soll auf keinen Fall ironisch klingen. Man soll mir glauben, dass ich es ernst meine. Als ich vor dem Pförtner stehe, verschlucke ich aus Versehen das »in«, sage: »Ich möchte die SPD eintreten.« Er sagt: »Warten Sie, ich hole jemanden, der Ihnen hilft.« Dann greift er zum Hörer. Und ich frage mich, ob er meinen Versprecher gehört hat. Er wirkte nicht überrascht.

Ein junger Mann in Jeans und Pullover kommt die Treppe herunter. »Du brauchst Hilfe?«, fragt er.

»Ich möchte, ähm, Mitglied werden«, sage ich.

»Schön«, sagt er, »wir freuen uns über jedes neue Mitglied.«

Er sagt auch: Dass er noch nicht erlebt habe, dass jemand extra ins Willy-Brandt-Haus kommt, um Mitglied zu werden. Die meisten kämen, um ihnen das Parteibuch vor die Füße zu werfen. Was für eine wunderbare Partei die SPD sei, die beste und älteste, wie richtig meine Entscheidung sei und dass ich sie nicht bereuen werde – all das sagt er nicht. Wer dachte, in der SPD umwerbe man Interessenten in der Manier von Staubsaugervertretern, hat sich getäuscht. Er sagt, dass er nicht einverstanden sei mit der kurzsichtigen Politik der Regierung, die ihre Entscheidungen nach der Medienresonanz fälle, heute hü und morgen hott, und für die das Parteiprogramm keine Rolle spiele. Er sagt, die Arbeitskreise seien oft sehr dröge und selbst die zehnte Wiederholung irgendeines Films im Fernsehen sei spannender. Und er sagt: Die Jungen würden von den Alten oft ausgebremst. Schnell heiße es: »Das haben wir schon vor Jahren versucht, das funktioniert nicht.«

Er überzeugt mich. Durch seine Offenheit. Das spricht für die Partei. Ich fülle die Beitrittserklärung aus. In ungefähr drei Wochen, sagt er, würde ich Post bekommen und bei Fragen könne ich ihn jederzeit anrufen. Er gibt mir seine Karte. Keine fünf Minuten hat es gedauert, ich hätte nicht einmal herkommen müssen, hätte meinen Antrag sogar online stellen können, das allerdings erst seit kurzem. Bisher konnte man zwar die Formulare online ausfüllen, musste sie dann aber ausdrucken und per Post verschicken.

Die Erkenntnis: Man ist schneller Mitglied einer Partei als einer Videothek, wo man immerhin noch einen Ausweis vorlegen muss.

In Zukunft werden mir monatlich 15 Euro vom Konto abgebucht. Der Mitgliedsbeitrag ist vom Nettoeinkommen abhängig. Für mich galt ein Betrag zwischen 8 und 25 Euro, den ich frei wählen durfte. Wer kein oder ein geringes Einkommen hat, zahlt 2,50 Euro.

Eine Frage habe ich noch zum Schluss. Stimmt es, dass man sich innerhalb der Partei als »Genosse« anspricht? Ja, sagt er und erzählt mir von einem Parteitag, auf dem er zum ersten Mal einem Spitzenpolitiker begegnete, Rudolf Scharping, damals noch in Amt und Würden. In seiner Aufregung nannte er ihn: Herr Scharping. Woraufhin Herr Scharping ihn anschaute und sagte: »Das heißt: Genosse Rudolf.«

Ich werde mich daran gewöhnen müssen, dass ich zwar die Bäckerin sieze, auch den Busfahrer und die Kassiererin, den Kanzler der Bundesrepublik Deutschland aber duzen darf. Den Genossen Gerhard. Meinen Parteichef, der mir auch noch schreiben wird, um sich bei mir zu bedanken. Aber dazu später.

Auf der Rückfahrt muss ich daran denken, was ein Freund kürzlich gesagt hat. Dass es zu Schulzeiten, immer dieselben Typen gewesen seien, die einer Partei angehörten: entweder verfilzte Kiffer mit Antifa-Aufnähern auf der Jacke oder bürgerliche Langweiler mit Profilneurose, die weder cool noch beliebt waren. Für ihn waren solche Leute der Grund, nie in eine Partei einzutreten.

Ein verfilzter Kiffer war ich nie. Bürgerlicher Langweiler? Ich hoffe nicht. Ich war einer von denen, die nicht weiter auffielen. Für das Abi-Jahrbuch sollte jeder jeden mit einem Wort charakterisieren. Bei mir wurde am häufigsten genannt: ruhig, introvertiert, nachdenklich und undurchschaubar. Ich war weder Schulsprecher, noch habe ich an der Umwelt-AG teilgenommen, und auch für die Organisation der Abi-Feier engagierte ich mich nur am Rande. Ich habe mich in Diskussionen stets zurückgehalten und mich nie mit Lehrern angelegt. Kurz: Ich bin kein redegewandter Provokateur und somit alles andere als ein geborener Politiker.

Ich war schon Mitglied verschiedener Sportvereine – weil ich die Leute nett fand. Harmoniesüchtig, wie ich bin, war es mir wichtiger, zusammen Spaß zu haben, als zu gewinnen. Bin ich mit so einer Einstellung richtig in einer Partei? Nach dem Motto: »Tja, die Europawahl haben wir verloren, aber was soll's, wenigstens haben wir uns amüsiert!«

Der Ortsverein, so habe ich gehört, sei ein Ort der Geselligkeit. Nach den Sitzungen gehe man zusammen Bier trinken. »Parteifreunde« ist so ein geläufiges Wort. Aber geht es da wirklich um Freundschaft? Sind innerhalb einer Partei nicht alle Beziehungen interessengesteuert? Muss ich lernen zu taktieren? Das würde mir schwer fallen, weil ich Menschen grundsätzlich Vertrauen entgegenbringe und bislang auch noch nie enttäuscht wurde. Im Gegensatz zum Vater meiner Freundin, der vor Jahren für einen Platz auf der Europa-Liste kandidierte. Er war Quereinsteiger, wurde anfangs unterstützt, merkte aber bald, dass ihn einige seiner neuen »Parteifreunde« auflaufen ließen. Die Enttäuschung darüber sitzt immer noch tief. »Pass auf!«, warnte er mich.

Als ich nach Hause komme, sitzt meine Freundin am Computer. Wie ich verdient sie ihr Geld als freie Journalistin. »Wenn du mich einem Fremden beschreiben müsstest, was würdest du sagen?«, frage ich.

Sie schaut mich irritiert an. »Wie meinst du das?«

»Na, meine Eigenschaften. Wie ich bin.«

»Also«, sagt sie und dreht sich zu mir, »ich würde sagen, du bist zurückhaltend, intelligent, kannst charmant sein, wenn du willst. Und du bist ziemlich faul und bequem.«

»Bürgerlich?«

»Würde ich schon sagen.«

»Ein Langweiler?«

»Manchmal schon.«

Na, dann.

Das Grundsätzliche

Schneller als angekündigt, bekomme ich Post von den Genossen. Zwei Wochen nachdem ich meine Beitrittserklärung unterschrieben habe, liegt ein großer Umschlag im Briefkasten. Der Landesverband Berlin schreibt, dass ich nun zu »den engagierten Menschen« gehöre, die »ihren Platz in der SPD finden, zu neuen Ideen beitragen, an den Traditionen von Freiheit, Gleichheit und Solidarität festhalten und die Demokratie in unserem Land beleben«. Beigelegt sind ein Haufen Broschüren zur Agenda 2010 und das Grundsatzprogramm, damit ich weiß, wofür die SPD steht oder stehen sollte.

Das Grundsatzprogramm wurde auf dem Parteitag am 20. Dezember 1989 in Berlin beschlossen. Es ist die Bibel der Genossen, das Glaubensbekenntnis. Ich lese: »Wir wollen Frieden. Wir arbeiten für eine Welt, in der alle Völker in gemeinsamer Sicherheit leben, ihre Konflikte nicht durch Krieg oder Wettrüsten, sondern in friedlichem Wettbewerb um ein menschenwürdiges Leben austragen. (…) Staat und Wirtschaft sind für die Menschen und ihre Rechte da, nicht umgekehrt. (…) Politik muss jedoch mehr und anderes sein als das Verwalten des unvermeidlich Gewordenen; um glaubwürdig sein und bleiben zu können, muss sie sich Handlungsspielräume sichern und neue Aufgaben stellen. Überlässt sie die Weichenstellungen für Technik und Wachstum wirtschaftlichen Interessen, so handelt sie sich Sachzwänge ein, die sie nur noch vollziehen kann.« Ich blättere weiter: »Viele Menschen leiden unter der Kluft zwischen dem, was politisch zu tun wäre und dem, was geschieht. Sie erwarten nichts mehr von Politik, ziehen sich ins Private und in kleine Gemeinschaften zurück oder fliehen vor der Wirklichkeit in neue Abhängigkeiten. Wir Sozialdemokraten wollen beweisen, dass Politik der Mühe aller wert ist. Wir stellen uns den Gefährdungen unserer Zeit. Ohne uns von mächtigen Interessengruppen einschüchtern zu lassen, suchen wir den Dialog mit den Menschen, die sich mit uns an das Umsteuern, Planen und Gestalten heranwagen. (…) Wehrdienst für Frauen lehnen wir ab. (…) Von deutschem Boden muss Frieden ausgehen. (…) Soll die partnerschaftliche Teilung der häuslichen Arbeit gelingen, muss die tägliche Arbeitszeit verringert werden. Daher streben wir den sechsstündigen Arbeitstag in der 30-Stunden-Woche als Regel an. (…) Die Arbeiterbewegung hat über Generationen hinweg den Sozialstaat erkämpft. Wir werden ihn erhalten und ausbauen. (…) Geschwindigkeitsbegrenzungen auf Autobahnen, Landstraßen und in Wohngebieten müssen die Umwelt entlasten und die Verkehrssicherheit erhöhen. (…) Abgeordnete haben ihre wirtschaftlichen Bindungen offen zu legen. (…) Da auch Mehrheiten irren können, müssen Mehrheitsentscheidungen rückholbar sein, vor allem da, wo Lebensgrundlagen berührt sind und das Wohl der kommenden Generationen auf dem Spiel steht. Diese müssen über ihre Lebensverhältnisse selbst entscheiden können. (…) Reformarbeit vollzieht sich oft in kleinen Schritten. Mehr noch als auf die Größe der Schritte achten wir auf die Erkennbarkeit der Richtung.«

Der letzte Satz wirkt angesichts der aktuellen Lage wie Satire. Wie kann es sein, dass Programm und Realpolitik so weit auseinander klaffen? Hat man versäumt, das Programm, immerhin 15 Jahre alt, der Zeit anzupassen? Ist es möglich, dass sich Schröder von den Grundsätzen seiner Partei entfernt hat?

»Die Parteispitze hat sich von der Basis entfernt« – ich beginne zu ahnen, was sich hinter dieser oft wiederholten Floskel verbirgt. Eine Glaubensfrage. Selbst ich, ein quasi jungfräulicher Genosse, spüre eine Irritation. »Wir streben eine Gesundheitssicherung an, bei der die Interessen der Versicherten Vorrang vor den Interessen der Ärzte, der Zahnärzte, der Pharmaindustrie haben.« Angesichts einer Gesundheitsreform, die vorwiegend von den Versicherten finanziert wird, ist dieser Satz geradezu zynisch. »Die Bundeswehr hat ausschließlich der Landesverteidigung zu dienen.« Indem sie Serbien bombardiert? Und was machen die deutschen Soldaten in Afghanistan? »Alle jungen Menschen müssen einen Ausbildungsplatz und im Anschluss auch einen Arbeitsplatz erhalten.« Im Jahr 2003 waren 454 000 Menschen unter 25 Jahren arbeitslos gemeldet. 35 000 fanden keinen Ausbildungsplatz. Und trotzdem tut sich die SPD-Spitze schwer damit, die Unternehmen zum Ausbilden zu verpflichten. Unternehmen müssten diese Aufgabe freiwillig anpacken, mit Druck gehe das nicht. Aber ohne Druck hat sich bislang auch nichts getan – wieso sollte sich das plötzlich ändern? Kürzlich sagte ein Unternehmer in einem Radiointerview, die Regierung sei schuld, dass nicht genügend junge Menschen ausgebildet würden. Deren Fähigkeiten ließen zu wünschen übrig: Sie beherrschten weder Grammatik noch Grundrechenarten. Anders gesagt: Jugendliche sind schlicht zu blöd. Und dafür sei die Regierung verantwortlich. Die Wirtschaft, so scheint es mir, ist Weltmeister darin, sich gesellschaftlicher Verantwortung zu entziehen.

»Wir werden den Sozialstaat ausbauen!«, wird im Grundsatzprogramm versprochen. Das Gegenteil passiert.

Wie soll ich einer Partei vertrauen, die sich an das eigene Programm nicht hält? Soll ich darauf vertrauen, dass »die da oben« schon das Richtige machen?

Vielleicht ist das Grundsatzprogramm überholt, schließlich hat sich die Welt in den vergangenen 15 Jahren rasant verändert. Aber wäre es dann nicht längst an der Zeit gewesen, sich auf ein neues Programm zu verständigen? Wäre es nicht sinnvoll, erst das Ziel zu definieren, bevor man darüber diskutiert, wie man es erreicht? Ich kann verstehen, dass Politiker oft schnelle Entscheidungen fällen müssen und nicht jedes Mal einen Parteitag einberufen können, umso wichtiger aber ist es, ein Grundsatzprogramm zu haben, das die Richtung vorgibt. Vor allem um der Zukunft der Partei willen. Ich habe keine sozialdemokratische Vergangenheit, der ich mich verbunden fühle, es würde mir nicht schwer fallen, über neue Inhalte nachzudenken. Vermutlich wäre ich, im Gegensatz zu manchem älteren Genossen, durchaus bereit, mit ins Boot zu springen. Wenn ich nur wüsste, wohin die Reise geht.

Mein Abend mit dem Juso-Vorsitzenden

Es ist schon dunkel, als ich in die Gäblerstraße in Berlin-Weißensee einbiege. Die Straße ist nicht beleuchtet, auch in den Mietshäusern brennt nur hinter wenigen Fenstern Licht. In dieser Gegend war ich noch nie. Die Begegnungsstätte der Arbeiterwohlfahrt ist in einem Eckhaus untergebracht. Es ist der 29. Oktober 2003, kurz nach halb sieben, ich bin auf dem Weg zu meiner ersten SPD-Veranstaltung. Die Abteilung 9 hat eingeladen. Niels Annen, Vorsitzender der Jungsozialisten (Jusos) wird etwas zur Situation der SPD sagen. Einige Wochen später wird Niels Annen als Gast der Harald-Schmidt-Show ein Millionenpublikum haben, aber an diesem Abend bleiben die meisten Stuhlreihen leer. Und ich bin extra eine halbe Stunde früher da aus Angst, keinen Platz mehr zu bekommen. Es scheint, als hätten die Menschen Wichtigeres zu tun: 203 Minuten schauen die Deutschen im Durchschnitt täglich fern – das sind fast dreieinhalb Stunden.

Hier in dieser Begegnungsstätte, als einer von zehn Anwesenden, fühle ich mich als Vertreter einer aussterbenden Spezies. Zu den letzten Mohikanern der parteipolitisch Engagierten gehören am heutigen Abend: ein junges Mädchen, vielleicht 15, drei etwa 70-Jährige, der Abteilungsvorsitzende, in meinem Alter, der mich freundlich begrüßt, und Manuela, eine Genossin, mit der ich mich in den nächsten Wochen anfreunden werde. Ich kann mich nicht erinnern, wann ich jemals in einer Gruppe von Menschen saß, die vom Alter her so gemischt war. Es ist schön, auch mal mit alten Menschen an einem Tisch zu sitzen – seit meine Großeltern gestorben sind, begegnen mir alte Menschen ausschließlich in Läden oder im Bus, wo sie entweder minutenlang im Portemonnaie kramen und damit die Nerven der Wartenden strapazieren oder den Sitz beanspruchen, auf dem ich es mir gerade bequem gemacht habe.

Auf der heutigen Sitzung soll der Wahlkampfbeauftragte für die Europa-Wahl 2004 bestimmt werden. »Wer möchte?«, fragt der Vorsitzende. Niemand meldet sich. Und ich bin froh, an diesem Abend nur Gast zu sein. Ich bin noch nicht so weit, Wahlkämpfe bestreiten zu können. Er habe es schon im vergangenen Jahr gemacht, sagt der Vorsitzende, noch mal wolle er nicht. Also? Nach einem Zögern erbarmt sich Genossin Manuela. »Weitere Kandidaten?« Nein. Die Wahl fällt einstimmig aus. Manuela wird sich um die Koordination kümmern, Infostände organisieren, Broschüren und Luftballons besorgen und mit den Kreisvorsitzenden über Aktionen nachdenken. Sie wird auch ein Wochenendseminar über Wahlkampfstrategien besuchen. Für Manuela ist es nicht das erste Mal, sie hat schon im Bundestagswahlkampf 1998 mitgeholfen.

Niels Annen verspätet sich um eine halbe Stunde, weil er den Weg nicht gefunden hat. Er ist an der falschen Haltestelle ausgestiegen und hat sich dann in den dunklen Straßen verlaufen. Er entschuldigt sich, schaut in die Runde. Hat er mehr Leute erwartet? Jedenfalls lässt er sich nichts anmerken.

Dass er sich freue, Niels hier zu haben, sagt der Vorsitzende. Niels Annen ist 31 und noch Juso-Vorsitzender. Er wird das Amt im Juni 2004 aufgeben. Er ist ein Kritiker der Regierungspolitik. In einem Beitrag für das Juso-Magazin »Argumente« schrieb er: »Die derzeitig regierende PolitikerInnengeneration hat zwar früher den Sozialismus gepredigt und Springer gestürmt. Heute aber machen sie eine Politik nach den täglichen ›Bild‹-Zeitungsüberschriften, ohne eine einzige langfristig angelegte politische Perspektive zu benennen.«

Niels hat die klassische Politkarriere gemacht. Er war Klassen- und Schulsprecher, später Landesschülersprecher. Er konnte diskutieren, wusste, was es bedeutet, Mehrheiten zu organisieren. Und wie schnell man als Politiker Ärger bekommt. Ein falscher Satz genügt. Als gerade gewählter Bundesvorsitzender der Jusos gab er dem »Hamburger Abendblatt« ein Interview. Es war die Zeit des Hamburger Wahlkampfes, ein SPD-Abgeordneter hatte für eine Sitzung eines Arbeitslosentreffs Brötchen schmieren lassen, das Geld als Spende überwiesen und diese nicht richtig verbucht. Im Interview sagte Niels damals: »Das ist eine typische SPD-Affäre, bei uns geht es um belegte Brötchen, bei den Schwarzen um Millionen.« Am nächsten Tag lautete die Schlagzeile: »Neuer Juso-Chef: Eine typische SPD-Affäre.« Das habe ihn gelehrt, vorsichtig zu sein. Er merke es, sagt Niels, dass er manchmal Sprechblasen verwende und bedaure das. Aber die Sprache sei sowohl Arbeitsinstrument als auch Selbstschutz. Und manchmal gebe es Situationen, in denen man Fragen aus taktischen Gründen nicht oder noch nicht beantworten könne, dann müsse man ausweichend antworten.

An diesem Abend, unter Genossen, braucht er keine Sprechblasen. Er beginnt seinen Vortrag mit dem Rekordtief der SPD: 24 Prozent in den Umfragen, das sei keine Momentaufnahme, sondern ein Trend, der sich seit der Bundestagswahl fortsetze. Der Vertrauensverlust der Menschen sei tiefgreifend, jetzt würden auch die »Kernmitglieder«, also die alten Genossen, in Scharen austreten – anders als bei den umstrittenen Kriegsentscheidungen im Kosovo oder in Afghanistan, damals hätten Mitglieder vom linken Rand hingeschmissen. Jetzt gehe es an die Substanz der SPD, sagt Niels, die Partei drohe, sich bei 17 Prozent einzupendeln und den Charakter einer Volkspartei zu verlieren. Er vermisst eine Antwort auf die Frage, wie denn der Sozialstaat in Zukunft aussehen solle. Wohin führen die geplanten Reformen? Wie soll Deutschland in zehn Jahren aussehen? Die Agenda 2010 sei nur »Stückwerk, das keine Idee einer Erneuerung des Sozialstaats enthält«. Und vor allem: Wie gedenke man, die gebrochenen Lebensläufe der jungen Menschen sozial abzusichern?

Die Mitglieder nicken mit den Köpfen oder murmeln zustimmend. Auch ich bin froh über Niels' Auftritt. Nicht nur, weil er ausspricht, was viele denken, dass nämlich der Reformpolitik das Ziel fehle und dem Kanzler die Vision – mir gefällt auch seine Art. Er ist nicht laut, kein Marktschreier; er wirkt zurückhaltend, überlegt und denkt in seiner Politik offenbar an die nächsten Generationen. Es scheint sie also doch zu geben, die besonnenen jungen Politiker.

Nach der Veranstaltung nehme ich Niels noch ein Stück im Auto mit. Ich erzähle ihm von Freunden in meinem Alter, die in letzter Zeit arbeitslos geworden sind, Menschen, denen ich bis vor kurzem noch große Karrieren vorausgesagt hatte. Menschen mit bester Ausbildung, die schon als Mittzwanziger Führungspositionen innehatten. Und dann waren sie doch die Ersten, die entlassen wurden.

»Der Ifo-Index steigt seit Monaten«, sagt Niels, »nächstes Jahr ist alles gut.« Als würden die Probleme der Gesellschaft von irgendwelchen Indizes abhängen. Aber so einfach ist das nicht, und Niels weiß das auch. Er hat einen Witz gemacht.

Niels steigt am Alexanderplatz aus, er hat noch eine Verabredung in Kreuzberg. Zum Abschied drückt er mir seine Visitenkarte in die Hand. Vielleicht hatte ich gerade den zukünftigen Kanzler im Auto? Schließlich war auch Schröder mal Vorsitzender der Jusos, zwischen 1971 und 1973, damals aber offenbar mit anderen Dingen beschäftigt als mit der Zukunft seiner Generation. Vor allem eine Anekdote ist mir aus Reinhard Urschels Schröder-Biografie in Erinnerung geblieben. Der SPD-Bundestagsabgeordnete Hermann Scheer erzählte von einer Begegnung mit dem jungen Schröder. »Na, Hermann, was treibste denn so«, fragt Gerd. »Ich schreibe gerade ein Buch«, antwortet Hermann. Gerd schaut entgeistert und fragt: »Und was hat das mit der Machtfrage zu tun?«

Niels Annen antwortet auf die Frage, ob er den Juso-Vorsitz als Karrieresprungbrett sehe: »Ich finde das Kanzleramt so hässlich, da rüttel ich nicht am Tor.«

Trotzdem hat sein Amt ihm natürlich genutzt – er hat den Sprung in den Vorstand der SPD geschafft.

Der Bundestagspräsident erhebt die Stimme

In den ersten Wochen jagt eine Veranstaltung die nächste, kaum in die SPD eingetreten, verbringe ich schon mehrere Abende in der Woche im Kreise der Partei. Gestern Abend Niels Annen, heute Abend Wolfgang Thierse. Berlin ist Regierungssitz und die Spitzenpolitiker sind vor Ort – anderswo freuen sich die Genossen schon, wenn sie einmal im Jahr dem Innenminister gegenübersitzen.

Der Kreis Nord-Ost, zu dem die Stadtteile Pankow, Weißensee und Prenzlauer Berg gehören, veranstaltet ein so genanntes Neumitglieder-Forum. Eine solche Veranstaltung findet im Bezirk zum ersten Mal statt. Die Zahl der Austritte von Mitgliedern, die erst kurz in der Partei sind, ist überproportional hoch, es kommt also besonders auf die Betreuung in den ersten Wochen an. Über die kann ich nicht klagen. Ich bekomme eine Liste mit Ansprechpartnern sowie jede Menge Einladungen und Infomaterial. Das geht allerdings nicht allen Neulingen so. Einige beklagen sich, dass sie ziemlich allein gelassen wurden und weder wussten, welcher Abteilung sie angehörten, noch wann und wo sie tagte. Manchmal scheint die Mitgliederbetreuung die SPD zu überfordern.

Aus der Einladung zum Neumitglieder-Forum weiß ich, dass ich im Kreis Nord-Ost einer von 164 Neuen seit 2002 bin. Wie viele im selben Zeitraum ausgetreten sind, steht da nicht. Das Treffen findet im Restaurant der »Brotfabrik« statt, einem Veranstaltungsort mit Kino. Als ich die Kellnerin nach den Genossen frage, zeigt sie stumm auf den hintersten Raum. Neben der Tür ist ein kleiner Tisch aufgebaut, hinter dem zwei Jungs sitzen. Sie fragen, wie ich heiße, und drücken mir ein Namensschild und mein Parteibuch in die Hand. Mein erstes Parteibuch! Ganz in Rot, mein Name, Adresse und Geburtsdatum sowie mein Ortsverein sind vermerkt (Abteilung 14, Bötzowviertel) – und auf den restlichen Seiten ist Platz, um die Marken einzukleben, die ich am Ende des Jahres bekomme, wenn ich meinen Beitrag zahle. Meine Mitgliedsnummer: 70106281.

Der Raum ist verraucht, es ist heiß, an den Tischen sitzen vorwiegend Gleichaltrige, viele Studenten. Mir gegenüber sitzt eine sehr hübsche Frau. Mein erster Gedanke: Was macht die hier? Ich erschrecke über meine Vorurteile, denn eine schöne Frau hätte ich hier nun wirklich nicht erwartet.

Dann sind da noch die Funktionsträger, der Kreisvorsitzende, die Vorsitzenden der Arbeitsgemeinschaften – und als berühmter Gast: Bundestagspräsident Wolfgang Thierse, der Direktkandidat des Wahlkreises. Mein erster Spitzenpolitiker. Bislang kannte ich ihn nur aus dem Fernsehen, den Herrn mit dem Rauschebart, der vom Modemagazin »Best Fashion« zum am schlechtesten angezogenen Mann Deutschlands gewählt wurde, was ihn mir fast schon wieder sympathisch macht. Meine Freundin erträgt ihn nicht, sie findet ihn moralinsauer, humorlos und pedantisch. Ich schätze Politiker mit moralischem Anspruch. Über Thierse bekommen meine Freundin und ich immer Streit.

Die Atmosphäre erinnert an illegales Glückspiel in einem verrauchten Hinterzimmer zu Zeiten der Prohibition. »Genossen, sollte es dreimal an die Tür klopfen, werft eure Parteibücher aus dem Fenster und zieht die Bingo-Karten hervor.« Über einen solchen Satz hätte ich mich nicht gewundert.

Zur Einführung erfahren wir vom Kreisvorsitzenden etwas über unseren Bezirk Pankow. Der hat 350 000 Einwohner. In Ostdeutschland gibt es nur zwei Städte, die größer sind: Leipzig und Dresden. Die Mitgliederzahl beträgt rund 1400, davon sind 500 im Juso-Alter, also unter 35. Was im Bundesvergleich ein überaus erfreulicher Wert sei. Pankow sei die Ausnahme von der Regel, die Diaspora, wie ein Genosse sagt.

Der erste Redner ist ein SPD-ler aus dem Osten, der vor über 50 Jahren Mitglied wurde. Der Mann erzählt von den Zeiten, als sie ins Gefängnis kamen, wenn sie mit Informationsmaterial erwischt wurden, von Spitzeln und Repression. Er endet mit den Worten: »Ihr seid unsere Zukunft, führt unsere Arbeit fort.« Einen Moment lang spüre ich einen Kloß im Hals angesichts des Erbes, das er mir aufbürdet. Ich weiß, ich bin nicht einem Sportverein beigetreten, sondern einer Partei. Aber habe ich deswegen eine Verantwortung diesem Mann gegenüber? Muss ich auf seine Geschichte Rücksicht nehmen? Am heutigen Abend bleiben solche Fragen unbeantwortet, weil sie niemand stellt. Stattdessen hat die Arbeitsgemeinschaft Internet einen Diavortrag vorbereitet. Lauter Fotos von trinkenden und feiernden Genossen. Die Botschaft ist unmissverständlich: Es kann auch lustig sein in der SPD.

Der Abend steuert dem Höhepunkt zu. Genosse Wolfgang erhebt sich von seinem Stuhl und hebt an zu einer Zustandsbeschreibung der SPD. Er spricht von einer dramatischen Lage und stellt die Reformpläne der Regierung als richtiges Vorhaben dar. Es gebe keinen anderen Weg, sagt er, und allen, die dagegen seien, wirft er vor, realitätsfern und borniert zu sein. Er gestikuliert, macht einen Schritt vor, einen zurück, tänzelt und zupft an den Papierblättern herum, die vor ihm auf dem Tisch liegen. Ich möchte etwas sagen. Und bin mir unsicher, ob ich den Bundestagspräsidenten wirklich duzen könnte. Die anderen sagen: »Wolfgang, der SPD fehlt ein Führer, der nicht zweifelt, sondern uns sagt, wo es langgeht«, »Wolfgang, der Sparkurs geht nicht weit genug und die Bildungsoffensive fehlt«. Ein anderer fragt, wo sich Wolfgang, wenn er heute 20 wäre, in der SPD engagieren würde. Wolfgang gibt uns den Rat, nicht gleich mit der Weltpolitik anzufangen, weil das nur zu Frust und Enttäuschungen führe. Wir sollten lieber Politik vor Ort machen, Konkretes erreichen, Kommunalpolitik betreiben. Klein anfangen.

Da melde ich mich zu Wort. Genosse Nicol. Ich sage, dass ich vor zwei Wochen in die Partei eingetreten bin. »Herzlich Willkommen«, sagt Genosse Wolfgang, und die anderen klatschen. Wie in einer Selbsthilfegruppe. Nicol ist jetzt einer von uns. Wo sonst wird man heute noch für seine Zugehörigkeit beklatscht?

Vor einer Ansammlung von Menschen zu reden, fällt mir nicht leicht. Ich bin aufgeregt. Sage, dass ich an der Glaubwürdigkeit der Regierungspolitik zweifele, dass ich das Gefühl hätte, die Reformen seien Flickschusterei und ein Kanzler, der mit Rücktritt drohe, statt zu argumentieren, überzeuge mich nicht. Am Ende bricht mir die Stimme weg.

Genosse Wolfgang hingegen wird laut, ja, er fängt an zu schreien – oder bin ich zu sensibel? Einem der Zuhörer fällt fast das Bierglas aus der Hand. Erstens, brüllt Wolfgang, sei in der heutigen Zeit äußerst schwierig zu sagen, was in einigen Jahren sei, und die Politik habe sehr wohl langfristige Ansätze. Und zweitens hätten die Medien Schröders Rücktrittsdrohungen überinterpretiert. Der Kanzler könne gar nicht anders, wenn er keine Gefolgschaft für seine Politik finde, könne er auch nicht weitermachen. Ob es die Rücktrittsdrohungen gar nicht gegeben habe, frage ich. Doch, sagt er, aber nicht ständig, wie ich es formuliert hätte. So schnell wurde mir etwas in den Mund gelegt, aber bevor ich korrigieren kann, wird Genosse Wolfgang noch lauter. Es geht um die sechs SPD-Abgeordneten, die im Bundestag gegen die Gesundheitsreform gestimmt haben. Diese sechs Abweichler seien die Erpresser gewesen, sagt Thierse, weil sie sich gegen die 243 SPD-Abgeordnete gestellt hätten, die zugestimmt haben, und die Medien hätten diese sechs Abgeordneten zu Märtyrern stilisiert, die Presse habe sich den Regierungssturz auf die Fahnen geschrieben.

Dass die SPD Opfer einer Medienkampagne sei und deswegen so schlecht abschneide, höre ich in den nächsten Wochen immer wieder. Auch Schröder prangert die Springer-Presse an. Vielleicht ist es der Versuch, durch einen äußeren Feind die innere Geschlossenheit herbeizuführen.

Wolfgang sagt noch, und ich weiß nicht genau, ob er mich meint: Wer Kritik nicht vertrage, solle doch lieber Gedichte schreiben.

Eines ist mir klar geworden: Mir fehlt es an Durchsetzungsvermögen. Streitkultur wurde mir nicht beigebracht. Früher hatte mein Vater das letzte Wort, und das hatte mehr Gewicht als jedes noch so gute Argument. Auseinandersetzungen endeten meist mit Sätzen wie »Es interessiert mich nicht, was die anderen machen. Du bist um Mitternacht zu Hause. Punkt!«

In den Augen meines Vaters konnten auch Lehrer nicht streng genug sein. Besonders mochte er Herrn Schmidt, meinen bayerischen Deutschlehrer, der so brüllen konnte, dass die Schüler vier Stockwerke über uns erschraken. Je größer ich wurde, desto mehr jüngere Lehrer bekam ich, die es für ihre Aufgabe hielten, uns zu »kritischen Menschen« zu erziehen. Was durchaus gelungen ist: denn kritisch bin ich. So kritisch, dass ich selbst Mutter Teresas Opferbereitschaft hinterfragen würde. Nur habe ich nicht gelernt, Kritik zu äußern. Es fällt mir auch heute noch schwer. Mir fehlt die Selbstsicherheit, nicht die charakterliche, sondern die gedankliche.

Nicht, dass ich schüchtern wäre. Mein Problem ist die Welt, die zu kompliziert geworden ist. Der Baum des Wissens hat in den vergangenen Jahren so viele Äste getrieben, dass ich mich nur an einzelne klammern kann und längst den Blick für Zusammenhänge und das große Ganze verloren habe. Jedes Studienfach hat sich in diverse Spezialgebiete aufgeteilt – einfache Erklärungen gibt es nicht mehr, man muss stets Tausende Faktoren bedenken. Und hat man das versäumt, fühlt man sich so verlassen wie ich, als ich in der Schule eines Tages erfuhr, dass es eine Zahlenwelt jenseits der Null gibt, die negativen Zahlen. Es heißt, das Wissen verdoppele sich alle zehn Jahre. Bei mir hat das zur Folge, dass ich ständig denke: Ich habe von nichts wirklich eine Ahnung. Was auch vielleicht an meinem Beruf liegt. Ich arbeite mich ständig in neue Themen ein, was zwangsläufig zu Vereinfachungen führt. Es kommt mir wie eine Anmaßung vor, mich zu komplexen politischen Themen zu äußern. Dafür gibt es doch Experten! Betrachte ich meine Freunde, habe ich den Eindruck, wir sind eine Generation von Zweiflern. Und über die, die sich aufschwingen, uns in Feuilletons, Büchern oder Gesprächen mit einer Attitüde der Allwissenheit die Welt zu erklären, ärgern wir uns, weil so viel Selbstüberschätzung an Arroganz grenzt.

Ich frage mich: Was soll ich in einer Partei, wenn ich es kaum wage, Stellung zu beziehen? Soll ich mich aufs Plakatekleben beschränken und das politische Gestalten den anderen überlassen? Nein! Ich muss lernen, mich durchzusetzen, darf mich nicht mehr so leicht verunsichern und zu Kompromissen breitschlagen lassen. Schluss damit, mein Wille geschehe!

»Du holst jetzt mal Brötchen«, sage ich am nächsten Morgen zu meiner Freundin. Sie schaut mich an, als hätte ich Chinesisch gesprochen. »Brötchen!«, sage ich.

»Du spinnst wohl«, sagt sie und geht duschen.

Pragmatisch in die Zukunft

Ich sitze zusammen mit 22 jungen Menschen in einem viel zu kleinen Raum im Kurt-Schumacher-Haus, einem unglamourösen Gebäude in Berlin-Wedding, der Berliner SPD-Zentrale. Wir sind zwischen 15 und 34 Jahre alt. Auch diese Gruppe ist gemischt: ein Syrer, einige Deutsch-Türken, eine Schülerin, viele Studenten und der Filialleiter einer Bank. Keine Ansammlung von Freaks, Strebern oder Profilneurotikern – einige sind mir vom ersten Moment an sympathisch. Es könnte lustig werden mit dem jungen Türken, der die Rolle des Unterhalters übernimmt, oder dem Bayer, der aus einem kleinen Dorf nach Berlin gezogen ist.

Es ist die Zeit des Kennenlernens, nach dem Bezirk hat nun der Juso-Landesverband zu einem Neumitglieder-Forum geladen. Wer nicht älter als 35 ist, gehört automatisch auch zu den Jusos, der Jugendorganisation der SPD, die eigene Arbeitskreise und Bundeskongresse veranstaltet. Die Jusos stehen am linken Rand der SPD – die Zeiten, in denen sie auf schiere Provokation setzten, sind allerdings vorbei. Wer immer nur mit der Trillerpfeife auf den Parteitagen auftauche, sagt der Landesvorsitzende, werde irgendwann nicht mehr ernst genommen.

Bei den Jusos lässt sich gut üben. Man kann Reden halten, Beschlüsse fassen, Mehrheiten organisieren – und dabei noch Fehler machen, weil man nicht in der Öffentlichkeit steht. Dadurch hat die Arbeit allerdings auch nur selten Resonanz. Bei den Jusos soll es lebendiger zugehen, hat mir der Genosse am ersten Tag im Willy-Brandt-Haus gesagt, frischer und nicht so verkrustet.

In einer Einführungsrunde sollen wir uns kurz vorstellen und sagen, warum wir in die SPD eingetreten sind. »Ich will etwas tun«, ist der Satz, der am häufigsten fällt, mitsamt der Begründung: »Weil ich unzufrieden bin mit der Politik.« Eine 15-jährige Schülerin spricht von »Politikverdrossenheit«, sie wolle sich das Ganze mal »von innen« anschauen. Später, als wir auf kleinen Kärtchen sammeln sollen, was wir von diesem Treffen erwarten, notieren die meisten die Frage: »Wie kann ich aktiv mitgestalten?«

In der nächsten Runde sollen wir uns für eine von drei möglichen Aussagen entscheiden: 1. Die Politik der SPD ist richtig, wird aber unzureichend kommuniziert. 2. Sie ist nicht links genug. 3. Die Reformpolitik geht nicht weit genug.

Elf können sich am ehesten mit der ersten Antwort identifizieren, zwölf mit der dritten – und nur sechs (einschließlich des Juso-Landesvorsitzenden, der selbst etwas irritiert scheint ob der geringen Zahl) finden, die SPD sei nicht links genug. Links ist offenbar out. Die Jusos in Berlin sind gespalten: Die Kreisverbände im Westteil der Stadt gelten überwiegend als links, die im Osten als pragmatisch. So wie der Verband Nord-Ost, zu dem ich gehöre. Eine ostdeutsche Genossin erklärt: »Wir haben erlebt, dass Sozialismus nicht funktioniert.«

Je jünger die Genossen, desto pragmatischer – das zumindest ist der Eindruck des Juso-Vorsitzenden meines Kreises, Johannes Arlt. Pragmatisch, so steht es im Lexikon, ist eine »Handlungsweise, die sich nicht nach übergeordneten sittlichen Grundsätzen richtet, sondern die Entscheidung an die jeweilige Situation anpasst.«

Vor kurzem fragte ich eine Abiturientin, was sie sich für die Zukunft wünsche. »Gesundheit«, sagte sie, »und Liebe.«

Ob sie keine Träume habe, fragte ich, berufliche vielleicht? Nein, solche Träume habe sie nicht: »Ich würde doch eh nur enttäuscht.«

Träume müssen den Praxistest bestehen – und Utopien auch. Mein Freund Mark hält Menschen, die noch an den Sozialismus glauben, für naiv.

Manchmal beneide ich den Vater meiner Freundin, einen linken Intellektuellen, um sein unerschütterliches Weltbild. Er weiß, wer seine Gegner sind, er hat feste ideologische Koordinaten. Wie leicht ist es dagegen, mich zu verunsichern.

Johannes Arlt spricht von einer Jugend ohne Dogmen: wenig idealistisch, eher bereit, einen überparteilichen Dialog zu führen. Mein Freund Christoph tritt in keine Partei ein, weil er in verschiedenen Fragen mit verschiedenen Parteien sympathisiert, mal Grün, mal Schwarz, mal Rot. Stimmt die Vermutung, die vor kurzem im »Spiegel« stand, dass sich die Parteien zu Zweckbündnissen entwickeln, in denen die Menschen »nicht eine gemeinsame Idee vom Leben oder von der Gerechtigkeit haben, sondern punktuell mitmachen, wenn ihnen ein Projekt oder eine Person gefällt«?

Welche gemeinsame Idee könnte es geben? Was verbindet meine Generation? Ist es allein die Erinnerung an »Wetten, daß ...?« und die Karottenjeans? Außer der Bundestagswahl vom 27. September 1998 fällt mir kein prägendes politisches Ereignis ein. Da waren der erste Irak-Krieg, der Greenpeace-Kampf gegen die Bohrinsel »Brent Spar« und die Atomtests – aber selbst das hätte ich schon wieder vergessen, wenn mich nicht ein Freund daran erinnert hätte.

Es gab eine Phase während der Schulzeit, in der niemand der Öko-Bewegung entkam. In der Schule setzten wir durch, dass jeder seine Porzellantasse mitbrachte, statt die Plastikbecher aus dem neuen Getränkeautomaten zu benutzen. Auto fahren war so verpönt, dass ich mich – stolz auf den Führerschein – jedes Mal dafür entschuldigen musste. Ich habe auch eine Zeit lang bei Tombolas mitgeholfen, deren Erlöse dem Schutz der Regenwälder zugute kamen. Ich kann mich nicht erinnern, dass mir in den vergangenen zehn Jahren jemand Vorwürfe gemacht hätte, weil ich mit dem Auto fuhr. Oder dass jemand über die Rodung der Regenwälder, das Schmelzen der Pole oder das Ozonloch gesprochen hätte.

Heute sind Umweltfragen in der Politik zur Nebensache geworden, mit der man keine Wähler mehr begeistern kann. Die Wirtschaft geht vor. Als Lebensgrundlage gilt längst nicht mehr eine intakte Umwelt, sondern ein Arbeitsplatz.

Vielleicht ist es das Einzige, was meine Generation wirklich prägt: das Leben mit der Arbeitslosigkeit. Noch nie gab es so viele junge Erwerbslose wie heute. Ich gehöre zur ersten Generation nach dem Krieg, die nicht mehr mit wachsendem Wohlstand rechnen kann. »Sei froh, wenn du überhaupt Arbeit findest« – mit diesem Satz meiner Eltern bin ich groß geworden. Ich habe gelernt, dass niemand auf mich wartete, dass ich verdammtes Glück haben müsste, um später einen guten Job zu bekommen. Man scherzte darüber, dass es sich kaum lohnen kann, zehn Semester Germanistik, Sozialpädagogik oder Philosophie zu studieren, um dann als Taxifahrer zu jobben. Nur »praktische« Fächer wie Physik, Biologie oder Medizin galten als aussichtsreich. Ich hatte mich für Politikwissenschaft entschieden – und wurde gefragt: »Was willst du denn damit später machen?« Meine Eltern sagten, ich solle lieber eine Lehre machen, Handwerker würden immer gebraucht und es sei doch praktisch, wenn man sich Türen, Fenster oder Küche selbst bauen könne.

Ich bin mehr als zufrieden mit meinem Job als freier Journalist – lebe aber mit dem Bewusstsein, dass ich jederzeit arbeitslos werden könnte. Langfristig planen kann ich nicht. Und das geht auch Freunden so, die fest angestellt sind. Diese Unsicherheit ließ viele meiner Bekannten zweifeln, ob sie Kinder bekommen sollten. Auch ich habe lange gebraucht, bis ich so weit war. Weil diese Eintscheidung ein Denken voraussetzt, gegen das ich mich jahrelang gesträubt habe: »dass es schon irgendwie wird«. Ich musste mich von dem Sicherheitsdenken verabschieden, dass mir meine Eltern beigebracht hatten: Kind ja, aber erst, wenn die eigene Existenz gesichert ist.

Gelernt habe ich auch, nichts vom Staat zu erwarten. Bevor ich überhaupt wusste, was eine Lebensversicherung ist, schlossen meine Eltern für mich eine ab und zahlten jeden Monat ein. Dass ich vorsorgen müsse und die Rente nicht mehr sicher sei, damit bin ich groß geworden. In meinem jüngsten Rentenbescheid schwankt die Summe, die ich später ausgezahlt bekomme, zwischen 290 und 945 Euro – je nach Rentenanpassung. Wie soll ich damit planen?

Wer heutzutage eine feste Stelle bekommt, arbeitet in der Regel erst mal ein Jahr auf Probe, ich kenne sogar Leute, die einen Vierteljahresvertrag haben. Ich bin wahrscheinlich der Prototyp des flexiblen und eigenverantwortlichen Menschen, der von Unternehmern und Politikern so gern gefordert wird. Ich habe in meinem Leben noch nie Urlaubs- oder Weihnachtsgeld bekommen und würde beides als großen Luxus empfinden. Schon während meines ersten Jobs bei Radio

Bremen habe ich so manche Nacht und manchen Sonntag im Funkhaus verbracht, ohne Zuschläge zu bekommen, die die Gewerkschaft für die Festangestellten erkämpft hat. Menschen wie ich haben noch nie verstanden, wozu sie eine Gewerkschaft brauchen.

Die nächsten Bundeskanzler können sich freuen. Ihnen wird wohl der ständige Ideologiestreit mit den Linken und Diskussionen um die »Seele« der Partei erspart bleiben – das erledigt der biologische Faktor. Wenn man sich die 23 Neugenossen ansieht, die sich an diesem Tag im Kurt-Schumacher-Haus versammelt haben, dann wird sich die SPD auch als Arbeiterpartei verabschieden müssen. Unter ihnen sind so viele Jurastudenten, dass schon Witze darüber gemacht werden. Als ich das später auf der Weihnachtsfeier meiner Abteilung anmerke, schüttelt ein älterer Genosse nur den Kopf. Die jungen Mitglieder, sagt er, seien fast ausschließlich Akademiker, wo seien die Lehrlinge, die Bäcker, Frisöre und Industriearbeiter? Glücklich sieht er nicht aus.

An diesem Samstagmittag gehen wir Neumitglieder auf SPD-Kosten zum Italiener. Jeder darf sich ein Pastagericht oder eine Pizza aussuchen und dazu ein Getränk. Beim Essen beklagen sich einige der neuen Genossen über ihre Abteilungen. Die Sitzungen seien langweilig und sie mit Abstand die Jüngsten. Wie wird es bei mir sein? Nächste Woche werde ich meine Abteilung kennen lernen, die sich immer am vierten Dienstag eines Monats trifft.

Nach dem Essen erfahren wir endlich, wie wir »aktiv mitgestalten« können. Leicht ist es nicht. Der Vorsitzende erklärt an einer Schautafel den Aufbau der Jusos. Man engagiert sich am besten in einer Arbeitsgruppe oder dem Verband. Dort formuliert man Anträge, über die dann in der Kreisvollversammlung entschieden wird – wenn sie dort eine Mehrheit finden, dann kommen sie in die Landesdelegiertenkonferenz, wenn sie dort eine Mehrheit finden in den Bundeskongress. Das kann Monate dauern. »Stille Post«, nennt Manuela das. Weil man nicht weiß, was am Ende rauskommt.

Neben den ordentlichen Gremien wird auf die »Kungelrunden« hingewiesen, inoffizielle Treffen, von denen wir, wenn wir Glück haben, erfahren würden. Sie seien äußerst wichtig, weil dort unter anderem die Personalentscheidungen getroffen würden. Politik wird beim Bier gemacht. Für mich bedeutet das: trinkfester werden. Bislang fange ich nach dem ersten Bier an zu lallen. Wie wichtig Bier ist, erzählt mir ein Freund, der seit kurzem Büroleiter eines SPD-Bundestagsabgeordneten ist. Sein Chef habe in einer Fernsehsendung ein Glas Wasser vor sich stehen gehabt. Am nächsten Tag fragten die Genossen, ob er sich von der Basis distanziert habe.

»Bloß nicht einschlafen!«

Vier Tage später hat das Büro von Wolfgang Thierse für Neumitglieder eine Informationsfahrt durch das politische Berlin organisiert. Im Bus, mit dem wir durch die Stadt gefahren werden, sitzen vorwiegend alte Menschen. Kurz nachdem der Fahrer den Motor angelassen hat, greift ein Mann zum Mikrofon. »Sie haben jetzt die Möglichkeit, Heizdecken …« Nein, so weit kommt es nicht. Der Mann ist vom Bundespresseamt. Er wünscht uns einen guten Morgen und erzählt etwas zum weiteren Verlauf. Die erste Station wird das Innenministerium sein, die zweite das Auswärtige Amt. Später werden wir noch zur Birthler-Behörde gebracht und in den Reichstag, wo wir einer Plenarsitzung beiwohnen dürfen. Von meinem Sitznachbarn, einem jungen Wirtschaftsberater, erfahre ich, warum so viele alte Menschen dabei sind. Es haben sich viel zu wenige Neumitglieder angemeldet, so dass die restlichen Plätze anderweitig vergeben wurden.

Im Innenministerium sind die Tische gedeckt, Kaffee und Tee stehen bereit – und eine Dame aus der Abteilung Öffentlichkeitsarbeit. Sie hält einen Vortrag über Wesen und Aufgaben des Ministeriums. Alles ist gut, lautet die Botschaft. Es gibt eine Geschäftsstelle für Bürokratie-Abbau, über 50 Prozent des Ministerium sind bereits online, die verdachtsunabhängigen Kontrollen des Bundesgrenzschutzes in Zügen sind sehr erfolgreich; es würden viele Illegale aufgegriffen, und selbst die Zusammenarbeit mit Minister Otto Schily laufe prima.

Interessanter ist es im Auswärtigen Amt. Ein Diplomat gibt uns eine Einführung in die Außenpolitik. Die, sagt er, unterliege der Innenpolitik. Das sei schon immer so gewesen, schon unter Bismarck, dem Gründer des Amtes. Der erste Außenminister im Nachkriegs-Deutschland, Adenauer, sei zugleich Kanzler gewesen, und das sei heute ähnlich: Außenpolitik werde zum großen Teil im Kanzleramt gemacht.

Was wir noch erfahren: In der Politik, besonders zwischen Staaten, geht es anscheinend zu wie auf einem Basar. Nach dem Motto: Wer bietet mehr für meine Stimme? Ich weiß noch damals, in der elften Klasse, als die Wahl zum Schulsprecher anstand: Wir hatten einen Neuen in der Klasse, von dem es hieß, er sei in der Jungen Union. Er war der Einzige, der im Sakko zur Schule kam und am Anfang jeder Stunde beide Schlösser eines Aktenkoffers gleichzeitig aufschnappen ließ. Er war einer der Kandidaten, verlor aber die Wahl. Kurz darauf kam heraus, dass er versucht hatte, die Stimmen einiger jüngerer Schülern zu kaufen – er flog von der Schule. Damals habe ich den Ernst von Demokratie und freien Wahlen begriffen, es war meine Initiation in Sachen Demokratie. Seitdem wundere ich mich des Öfteren über den Umgang mit vermeintlich freien Wahlen in staatlichen Institutionen. Im Sicherheitsrat der UNO wurde vor der Irak-Resolution um Stimmen gefeilscht – mal schickten die USA einen Abgesandten in die Länder, auf deren Stimmen es ankam, mal die Franzosen. Und beide hatten Geld dabei, in Form von Wirtschafts- oder Militärhilfe.

Das Gleiche passiert im Bundesrat; um die Stimmen für das neue Zuwanderungsgesetz zu bekommen, hat die Bundesregierung einigen Ländern besondere Hilfe zugesagt. Berlin erhielt die Zusage, der Bund werde sich bei der Renovierung der Museumsinsel stärker beteiligen, Brandenburg wurde unter anderem Unterstützung beim Bau des neuen Hauptstadt-Flughafens zugesichert. Auch im Bundestag wird Druck ausgeübt. Es war die Rede davon, dass Abgeordneten angedroht wurde, bei der nächsten Wahl keinen sicheren Listenplatz mehr zu bekommen, wenn sie nicht für die Agenda 2010 stimmen.

Ich frage den netten Diplomaten, wohin das führe, wenn sich die Basarmethoden auch bei den Bundes- oder Landtagswahlen durchsetzten. Die Parteien könnten doch vor den Wahllokalen kleine Tische aufbauen, an denen man dann handeln könne: »Tut mir Leid, bei den Grünen würde ich noch ein T-Shirt dazubekommen ...«.

Der nette Diplomat wechselt das Thema. Später, im Reichstag, merken wir, dass wir schon einen langen Tag hinter uns haben. Seit morgens um halb neun sind wir unterwegs – und jetzt müssen wir uns noch vor den Sicherheitsschleusen die Beine in den Bauch stehen.

Jeder hat so seine Art, mit der Warterei umzugehen. Ich höre, wie ein Mittfünfziger zu der Frau neben ihm sagt: »Sie würde ich auch gern mal abscannen.« Woraufhin sie etwas gequält lächelt. Ein anderer regt sich unheimlich auf, als der Sicherheitsbeamte ihn auffordert, den Inhalt seiner Taschen in ein Körbchen zu legen. »Bitte«, ruft er, »bitte heißt das, verdammt noch mal«. Er kriegt sich überhaupt nicht mehr ein. Schüttelt noch den Kopf, als wir längst vor dem Plenarsaal stehen.

Bevor wir die Besuchertribüne betreten dürfen, bekommen wir eine kurze Einführung in die Verhaltensregeln. Wir dürfen weder Kaugummi kauen noch einschlafen. Falls mehr als drei von uns doch einschlafen sollten, muss unsere gesamte Gruppe die Tribüne verlassen. Aber was müssen wir dann sehen, während wir kerzengerade in unseren Stühlen sitzen und gegen die Müdigkeit ankämpfen? In der zweiten Reihe hängt ein Abgeordneter wie ein Schluck Wasser in seinem Stuhl. Der Mann, der eben noch mit dem Beamten gestritten hat, bläht seine Nüstern. Er muss richtg an sich halten. Gut, dass Zwischenrufe aus den Reihen der Zuhörer untersagt sind.

Bin ich noch zurechnungsfähig?

Fast ein Monat ist seit meinem ersten Besuch im Willy-Brandt-Haus vergangen. »Aktiv mitgestaltet« habe ich seit meinem Parteieintritt nichts, aber das wäre auch zu viel erwartet; es ging darum, Orientierung zu finden, Menschen und Strukturen kennen zu lernen, das Angebot zu überblicken. Ich habe mich auf jede verfügbare Mailingliste setzen lassen und bekomme massenweise Einladungen: zu Diskussionsveranstaltungen, Demos, einer Gedenkstättenfahrt nach Auschwitz und Birkenau, zu Wochenendseminaren über »Rosa Luxemburg« und »Antisemitismus« und zum Summer Camp, das Ende Juli in Rumänien am Schwarzen Meer stattfinden wird. Dazu kommen die Arbeitsgemeinschaften auf Juso-, Kreis- und Landesebene, die AG für Arbeitnehmerfragen, die AG 60+ der Älteren, die AG der sozialdemokratischen Frauen, die AG für Bildungsfragen und Migration.

Ich könnte mühelos drei oder vier Abende in der Woche im Kreise der Partei verbringen. Ich lerne junge Menschen kennen, die seit zwei Monaten nicht mehr im Kino waren, weil sie jeden Abend auf irgendeiner Veranstaltung waren. Meine Freundin hat Angst, dass auch ich in den Sog der Partei geraten könnte. Schon nach einem der ersten Abende sagte sie: »Denk daran, du hast Familie.« Und dachte dabei wahrscheinlich an den Kanzler, der in vierter Ehe lebt.

Bei vielen allerdings ist der anfängliche Elan nur von kurzer Dauer. Nach ein oder zwei Abenden werden sie zu Karteileichen. Die SPD besetzt bundesweit etwa 50 000 Funktionen in Ortsvereinen, Arbeitsgemeinschaften, in Kommunen, Ländern und auf Bundesebene. Dem gegenüber stehen etwa 60 000 aktive Mitglieder, es hat also fast jedes von ihnen ein Amt inne. Je weniger es werden, desto mehr Arbeit lastet auf den Verbleibenden. In Teilen Ostdeutschlands sind nicht einmal genügend Genossen da, um die Landeslisten zu besetzen. Es müssen Leute von außen geholt werden. Nur etwa zehn Prozent der Mitglieder nehmen aktiv am Parteileben teil. Auch im Kreis Nord-Ost, dem fast 500 Mitglieder im Juso-Alter angehören, kommen zu den Versammlungen, die alle zwei Wochen stattfinden, im Durchschnitt nur zehn Menschen. »Die Bereitschaft mitzuarbeiten, ist gesunken«, sagt Juso-Vorsitzender Johannes Arlt und spricht von einer »Zapping-Kultur«. Parteiveranstaltungen konkurrieren mit Konzerten, Kino und Theater. Organisieren die Jusos einen Grillabend im Park, kommen mehr Leute als zu einem Arbeitstreffen. Vor drei Jahren noch, sagt er, seien etwa 15 Leute regelmäßig gekommen. Heute sei es mindestens ein Drittel weniger. Und das gehe allen Kreisverbänden so. »Die Bindungen sind nicht mehr so stark.«

Nur unter dieser Voraussetzung konnte ich mir überhaupt vorstellen, in eine Partei einzutreten: Weil ich mich nicht dauerhaft verpflichten muss, sondern jederzeit wieder austreten kann. Zwar bin ich schon seit einem Monat Mitglied, frage mich aber immer noch, wie und ob ich mich jemals mit der Partei identifizieren werde. Es befremdet mich, wenn Genossen, die jünger sind als ich, ganz selbstverständlich »wir« sagen. »Wir in der SPD« ginge mir nicht so leicht über die Lippen und ich ärgere mich, wenn ich von anderen in dieser Form vereinnahmt werde, sei es in Generationenbüchern oder auf Demos. Reflexartig blocke ich innerlich ab. Kein Mensch hat das Recht, für mich zu sprechen, außer ich selbst.

So traurig es sein mag, der einzige Verein, mit dem ich mich wirklich identifiziere, und das seit 16 Jahren, ist Werder Bremen, meine Lieblingsmannschaft.

Als Fußballfan werde ich gelegentlich belächelt oder auch mal als Fanatiker bezeichnet, meine Parteimitgliedschaft aber lässt Freunde und Bekannte an meiner Zurechnungsfähigkeit zweifeln.

»Du bist in der SPD? Warum das denn?« Thomas schaute mich entsetzt an. Ich war bei Freunden zum Abendessen eingeladen. Wir saßen zu sechst am Tisch, meine Freundin hatte gespöttelt, dass sie ja nun mit einem Genossen zusammen sei.

»Ja«, sagte ich, »seit vier Wochen.«

»Das wusste ich ja gar nicht«, sagte Thomas.

Es ist nicht so, dass es mir unangenehm wäre, ich fühle mich eher, als hätte ich ein skurriles Hobby, würde Kotztüten sammeln oder sonntags auf der Suche nach Kuckucksuhren über die Flohmärkte spazieren.

Ist nicht eigentlich die Demokratie gescheitert, wenn sich Menschen, die in eine Partei eintreten, rechtfertigen oder auch nur erklären müssen? Müsste die Frage nicht eigentlich lauten: »Warum bist du nicht eingetreten?«

Dass ich seit zehn Jahren ein schlechtes Gewissen hätte, sagte ich, weil ich nichts täte.

»Ja«, sagte Anne, »das kenne ich gut.« Und dann kam der Fisch auf den Tisch und unterbrach das Gespräch.

Als der erste Hunger gestillt war, fragte ich: »Und warum tust du nichts gegen dein schlechtes Gewissen und trittst in eine Partei ein?«

»Na, weil es nichts ändern würde. Oder hast du das Gefühl, da etwas erreichen zu können?«

Als müsse alles, was man tut, zu einem sichtbaren Ergebnis führen. Etwas erreichen? Im Moment wüsste ich nicht, wie das funktionieren sollte. Im Organisationsstatut der SPD steht, die Meinungsbildung vollziehe sich von unten nach oben. Aber die Wahrscheinlichkeit, im Ortsverein einen Antrag zu beschließen, der dann auch vom Bundesparteitag angenommen wird, ist etwa so hoch wie die eines Sechsers im Lotto. Und selbst wenn es so weit käme, die Regierung fühlt sich ja offenbar kaum mehr an das Parteiprogramm gebunden. Bleibt die Hoffnung auf ein einflussreiches Amt in der Partei. Aber auch dieser Weg erscheint mir eher aussichtslos. Es ist wie beim Marathon: Ich wäre einer von Tausenden, wahrscheinlich würde sich das Feld lichten, je länger ich durchhalten würde, aber ob ich die nötige Kondition habe, bezweifle ich. Die Ochsentour lasse sich nur umgehen, sagte mir ein Genosse, wenn man die richtigen Leute kenne. Drei Straßen von mir entfernt wohnt Olaf Scholz, der Noch-Generalsekretär …

Beziehungspflege

Bislang war es die Peugeot-Filliale in Lichtenberg, die mir jedes Jahr eine Karte zum Geburtstag schickte. Dieses Jahr liegen am 15. November zwei im Briefkasten. Die Genossen haben an mich gedacht. »Lieber Nicol, herzlichen Glückwunsch zu deinem 32. Geburtstag. Mit dieser Gratulation verbinden wir auch unseren Dank für deine Mitarbeit in der SPD. Für den Kreisvorstand der SPD Berlin Nord-Ost und mit freundlichen Grüßen: Hans Misselwitz.«

Der Kanzler bedankt sich bei mir

Am übernächsten Morgen, es ist der 17. November 2003, beginnt unter dem Motto »Unser Weg in die Zukunft« in Bochum der 54. ordentliche Parteitag. Der Parteitag ist das wichtigste Gremium der Partei und findet regulär alle zwei Jahre statt. Was die 523 Delegierten beschließen, sollte eigentlich von der Regierung umgesetzt werden. Der Sender »Phoenix« überträgt drei Tage lang fast ununterbrochen vom Parteitag.

In Bochum verkündet der Kanzler die von so vielen vermisste Vision. Er sagt in seiner Rede: »Deutschland 2010, das ist ein Land, das Spitze ist in Wirtschaft, weil es Spitze ist in Bildung und Forschung. Deutschland 2010, das muss ein Land für Familien sein, ein Land, in dem Ältere und Jüngere füreinander da sind, in dem Frauen Familie und Beruf miteinander verbinden können. Ein Deutschland, das Arbeit für alle hat, anspruchsvolle Arbeit, gut bezahlt und sozial abgesichert. Dieses Deutschland wird und muss ein Land der Chancen sein. Es wird ein Land sein, in dem gilt: Wer hingefallen ist, bleibt nicht liegen. Höhere und höchste Schulen müssen allen offen stehen, die Talent und Begabung dafür haben, und zwar unabhängig vom Geldbeutel ihrer Eltern.«

Ich muss daran denken, was ein junger Abgeordneter erzählte. Als er und einige andere von Schröder Visionen gefordert hätten, habe Schröder lapidar geantwortet: »Pathos kann ich nicht.«

Des Kanzlers Vision geht bei mir zu einem Ohr herein und zum anderen wieder hinaus. Sie hat die Kraft von »Ich wünsche mir Frieden für alle Menschen«, einem Satz, den ich vor Jahren mal in ein Poesiealbum geschrieben habe, worauf das Mädchen sagte, es sei ein wenig einfallslos. Ich kann nicht glauben, dass es heute noch Menschen gibt, die sich von solchen Sätzen begeistern lassen.

Der Kanzler sagt auch: »Liebe Genossinnen und Genossen, eine Gesellschaft wie unsere, trotz aller Probleme wahrlich reich, darf die Sparprobleme und die Sparnotwendigkeiten nicht auf den Schultern derer abladen, die in unserem Land für Kultur sorgen und damit uns alle bereichern.« Er meint es ernst, zumindest lacht er nicht. Ich frage mich, ob ihm bewusst ist, was ein solcher Satz anrichtet. Zumindest bei mir. Mein erster Gedanke: Will der mich verarschen? Dann fange ich an, mich zu ärgern. Theater sollen schließen, Orchester werden zusammengelegt, Claus Peymann, der Intendant des Berliner Ensembles, wettert und droht mit Rücktritt, sollte der Sparkurs nicht geändert werden – und er ist nicht der Einzige. Trotzdem spricht der Kanzler davon, dass an der Kultur nicht gespart werde. Wie, bitte, soll ich ihm da noch Vertrauen entgegen bringen?

Am Abend bekommen Wolfgang Clement und Olaf Scholz bei der Wahl zum Vorstand 56,7 und 52,6 Prozent. Für eine Wahl innerhalb einer Partei ein schlechtes Ergebnis, denn dort gelten Maßstäbe wie früher bei den Einheitsparteien osteuropäischer Länder: Wer nicht mindestens 80 Prozent der Stimmen bekommt, gilt als Verlierer. Scholz und Clement sind die Verlierer, worüber sich der Kanzler mächtig aufregt. Später sagt er, man müsse herausfinden, wer nicht für die beiden gestimmt habe. Auch das erinnert an die Länder mit Einheitsparteien.

Vor lauter Schröder und dem Ärger um die schlechten Wahlergebnisse ging fast unter, dass auf dem Parteitag auch Beschlüsse gefasst wurden: Eine Bürgerversicherung soll schrittweise eingeführt werden, die Erbschaftsteuer für große Vermögen soll erhöht werden, innerhalb der nächsten vier Jahre soll die Zahl der Ungelernten eines Jahrgangs halbiert und die Zahl der Studienanfänger von 30 auf 40 Prozent erhöht werden. Das Erststudium soll gebührenfrei bleiben. Am 17. November 2007 wird abgerechnet. Hoffentlich vergesse ich es nicht.

Wenige Tage später bedankt sich Schröder bei mir. Er hat mir einen Brief geschrieben. Er freut sich, mich »herzlich als neues Mitglied der Sozialdemokratischen Partei Deutschlands begrüßen zu dürfen«. Er hofft, dass ich mich »in der SPD politisch und menschlich wohl« fühle. »Die SPD lebt durch ihre Mitglieder. Die vielen Menschen, die sich in den Ortsvereinen engagieren, leisten die notwendige Vertrauens- und Überzeugungsarbeit vor Ort, ohne die es keine politischen Mehrheiten in Städten und Gemeinden, in den Ländern und im Bund gibt.

Wir sind froh, dass wir bei unserem Einsatz für die soziale Demokratie jetzt mit dir eine weitere Mitstreiterin gefunden haben.« (Die SPD führt mich als Frau, was mir mit meinem Vornamen häufiger passiert. Bei jedem Schulwechsel wurden die Jungs enttäuscht, die auf ein süßes neues Mädchen gehofft hatten – und dann stand ich in der Tür.)

Auch Generalsekretär Olaf Scholz hat einen Brief beigelegt. Er weist mich auf die Vorteile meiner neuen SPD-Card hin, die aussieht wie eine Kreditkarte: »Alle SPD-Mitglieder zusammen haben enorme Kaufkraft. Damit kann man verhandeln. Das haben wir getan. Mit verschiedenen Firmen, die uns und damit jedem von euch Vorteile bieten. Übrigens: Versteck die Karte nicht. Zeig sie bei Freunden und Bekannten, dann kann sie auch als Zusatzargument für den Beitritt neuer Mitglieder wirken.«

Im Netz unter www.imageshop.de bekomme ich einen Überblick: Mit meiner SPD-Card erhalte ich Sonderkonditionen für Mietwagen, günstige Kredite, verbilligte Kinokarten, ein »sozialverträgliches« Abo-Angebot für die Zeitschrift »Öko-Test« und Reiseangebote, zum Beispiel drei Tage Istanbul für 285 Euro. Wahrscheinlich wissen das die wenigsten Menschen. Wenn mich während des Wahlkampfs am Infostand Menschen fragen, weshalb sie der SPD beitreten sollten, dann werde ich ihnen von der SPD-Card erzählen. Schnäppchenjäger aller Bundesländer vereinigt euch!

Meine neue Familie

Jeden vierten Dienstag im Monat trifft sich meine Abteilung in einem Raum einer kleinen Stadtteilbibliothek. Was im Rest des Landes Ortsverein heißt, nennt sich in Berlin Abteilung. Warum eigentlich? Als ich in der SPD-Zentrale anrufe, werde ich zu einem Genossen durchgestellt, der sagt: »Puh, keine Ahnung. Ich stelle Sie mal zur Historischen Kommission durch.« Dort verweist man mich ans Archiv der sozialen Demokratie der Friedrich-Ebert-Stiftung. Aber selbst der Archivleiter kann mir zunächst keine Erklärung geben. Erst Tage später ruft er an, um mir die Auskunft zu geben, dass Ortsvereine in Berlin schon immer Abteilungen genannt worden seien und sich die Berliner nach dem Krieg dem Beschluss verweigert hätten, ihre Ortsvereine so wie der Rest der Republik zu bezeichnen. Eine Abteilung ist also eine Abteilung oder ein Ortsverein, je nachdem.

An der Abteilung führt kein Weg vorbei, sie ist mein Zuhause, meine politische Familie. Jedes neue Mitglied wird je nach Wohnsitz automatisch einer Abteilung zugeteilt. Bundesweit gibt es rund 12 500 Ortsvereine. Die nächste Ebene sind die Bezirks- oder Kreisverbände, dann kommen die Landesverbände. Es ist ein bisschen wie im Fußball – es braucht seine Zeit, bis man in die Bundesliga aufsteigt, wobei die meisten ohnehin einfache Mitglieder bleiben, die sich ehrenamtlich in ihren Abteilungen treffen, diskutieren, Anträge erarbeiten, im Wahlkampf helfen oder Initiativen in ihrem Bezirk starten. In der Abteilung müssen ähnlich wie in einem Verein diverse Posten besetzt werden: Kassenwart, Schriftführer, Beisitzer und Abteilungsvorsitzender. Mein Vorsitzender ist Sven. Er ist 34, hat Geschichte studiert und ist seit 1993 SPD-Mitglied. Sven erinnert sich gut an 1983, das Lutherjahr mit mehreren Kirchentagen. Er erlebte, wie Menschen in den Knast kamen, weil sie »Schwerter zu Pflugscharen« skandierten. Das war der Auslöser für sein friedenspolitisches Engagement – in der Kirche und in der FDJ. Nach der Wende schloss er sich dem Neuen Forum an und engagierte sich an der Humboldt-Universität. Von 1990 bis 1992 war er Studentenratssprecher, und als er im folgenden Jahr in die SPD eintrat – im Streit, wie er sagt, weil die SPD damals zahlreiche Fachbereiche der Uni abwickeln wollte –, machte er die Wissenschafts- und Hochschulpolitik zu seinem Schwerpunkt. Im Bundestagswahlkampf 1998 arbeitete er in der Kampa, nachdem Wolfgang Thierse den Vorstand darauf aufmerksam gemacht hatte, dass es keinen einzigen Ostdeutschen im Kampa-Team gebe und Sven vorschlug; das war der Beginn ihrer Zusammenarbeit. Mittlerweile leitet Sven Thierses Präsidialbüro. Er sitzt im Reichstag und hat einen wunderbaren Blick aufs Kanzleramt.

Auf der Homepage stellt sich die Abteilung wie folgt vor: »Im Gegensatz zu vielen anderen gründerzeitlichen Vierteln in Moabit, Neukölln, Wedding und Friedrichshain, wo Stadtenwicklungssenator Strieder (SPD) mit Quartiersmanagement versuchen muss, die soziale Schieflage wieder gerade zu rücken, befindet sich das Bötzowviertel unter Aufwertungsdruck. Das heißt, dass die Nachfrage nach Wohnungen sehr hoch ist, erfreulicherweise auch durch junge Familien. Damit der Sanierungsprozess aber nicht ungezügelt verläuft und schwächere Mieter aufgrund der explosionsartig ansteigenden

Kosten verdrängt werden, hat die SPD Prenzlauer Berg dafür gesorgt, dass für das Bötzowviertel eine Milieuschutzsatzung erlassen wird. Jeder Hauseigentümer muss seine Sanierungsarbeiten mit dem Bezirksamt abstimmen. Einmal monatlich wird die Mieterzeitschrift ›Vor Ort‹ kostenlos verteilt, in der über die umfangreiche Mieterberatung informiert wird.

Dass die Bewohner des Bötzowviertels nicht Durchschnitt sind, zeigte das Wahlverhalten bei der letzten Bundestagswahl: CDU 12 Prozent, SPD 27 Prozent, Grüne 26 Prozent, PDS 30 Prozent.

Weiterhin zeichnet sich die Einwohnerschaft durch hohe Anteile von ›Wessis‹, Studenten und Familien aus, was sich auch in unserer SPD widerspiegelt. Wir sind ein bunt gemischter Haufen mit ca. 90 Mitgliedern von 17–80 Jahren und beschäftigen uns von der Schulwegsicherung über die Sparpläne des Senats bis hin zur Weltklimapolitik mit vielen politischen Themen.«

Kurz nach der Wende war ich zum ersten Mal im Bötzowviertel, im Auto auf dem Weg ins Kino. Es war mein erster Besuch im Osten Berlins – damals lebte ich noch in Bremen im Haus meiner Eltern, in einer ruhigen Siedlung mit dem Namen »Kuhkamp«. Ich habe das Bötzowviertel als besonders grau und trist in Erinnerung, ich glaube, an dem Tag nieselte es auch. Die Häuser waren verfallen, Balkone zerbröckelt – hier zu wohnen, hätte ich mir damals nie vorstellen können. Zehn Jahre später ist es eines der beliebtesten Viertel im Prenzlauer Berg, fast alle Häuser sind saniert, die Mieten vergleichsweise hoch, was auch am Volkspark Friedrichshain liegt, einem sehr schönen Park, der an das Viertel grenzt, mit Freiluftkino, Café, Sport- und Spielplätzen und vielen Wiesen. Es ist ein Viertel mit einer sehr hohen Geburtenrate, besonders beliebt bei jungen Familien.

Von den 90 SPD-Mitgliedern kommen etwa zehn regelmäßig zu den Abteilungssitzungen, es sei denn, Ämter stehen zur Wahl, dann sind es doppelt so viele.

Der Raum, in dem wir uns treffen, wirkt provisorisch: zwei Tische, einige Klappstühle, Regale mit bunten Kinderbüchern an den Wänden.

Die Genossen sind unterschiedlichen Alters, auch einige Ältere haben sich eingefunden, die schon lange dabei sind und den Klaus Uwe (Benneter) und den Gerd (Schröder) schon mal getroffen haben (der übrigens sehr müde aussah). Dann sind einige in meinem Alter dabei: ein Geschichtsstudent, Svenja – wie ich ein Neuzugang – und Susann, stellvertretende Bundesvorsitzende der Jusos, die im Büro von Wolfgang Thierse arbeitet. Der jüngste ist Johannes Arlt, 19 Jahre.

Warum ich eingetreten sei, möchte eine ältere Genossin wissen. Ich sage, es sei doch immer gut, sich antizyklisch zu verhalten. Die Antwort gefällt ihr offenbar, Wochen später fragt sie mich, als wir uns zufällig auf der Straße begegnen: »Du bist doch der Antizyklische, oder?«

Ich fühle mich willkommen in der Abteilung, auch wenn meine Beziehung zu den meisten Genossen eine reine Auf-der-Straße-Grüß-Beziehung ist. Es sei eine harmonische Abteilung, höre ich von verschiedenen Leuten. Und in der Tat, richtigen Streit kann ich mir hier nicht vorstellen. Auch die Diskussion am heutigen Abend verläuft äußerst friedlich. Wir reden über den Bochumer Parteitag, nicht ohne vorher zu erwähnen, dass die SPD mittlerweile einen historischen Tiefstand erreicht hat: 24 Prozent.

Allein der Begriff Reform, so sagt eine anwesende Historikerin, sei eine Verschleierung, denn Reform sei eigentlich ein positiv besetzter Begriff. Diese Reform sei in Wirklichkeit ein Abbau. Dass auch die Reichen ihren Teil beitragen müssten, wird gefordert, und dass die Vermögensteuer wieder eingeführt wird. Dass das Ziel fehle, sagt einer. Und der Sinn für Gemeinschaft, ergänzt ein anderer, der müsse schon in der Schule gefördert werden. Am Ende schwirren Dutzende Meinungen, Gedanken und Anregungen durcheinander. Eine Frau, die kurz davor ist, ihren Job zu verlieren, ärgert sich über Generalsekretär Scholz, der im »Vorwärts« gesagt hat: »Wir wollen, dass alle Menschen, die arbeiten wollen, auch einen Arbeitsplatz finden.« Ein schöner Ausspruch! Aber was ist mit den Menschen, die trotzdem keine Arbeit bekommen? Wollen die nicht? Die Frau ärgert sich, denn für sie klingt der Satz nach: »Wer Arbeit will, bekommt auch eine.«

Wie vertraut mir dieser Satz ist! Ich bin mit ihm aufgewachsen. Mein Vater hat ihn gepredigt. Er kam 1962 nach Deutschland, nachdem er aus Jugoslawien geflohen war. Er hat es zu Wohlstand gebracht, weil er sich, wie er sagt, für keine Arbeit zu schade war. Er hat bei der Post die LKWs gewartet, dann bei einem Autohändler Unfallwagen repariert, bis er schließlich zur Lufthansa kam, wo er 28 Jahre lang, bis zur Rente, blieb. Er sprach kaum Deutsch, hatte zwei Töchter aus erster Ehe, lebte mit meiner Mutter in einer kleinen Zweizimmerwohnung. Inzwischen aber hat er es zu einem eigenen Haus, einer Ferienwohnung und einem Auto gebracht. Ihm habe, wie er sagt, niemand etwas geschenkt, und was er aus eigenem Antrieb geschafft habe, das könnten auch andere schaffen. Gegen diese Lebenseinstellung habe ich mich immer gewehrt. Es gab Zeiten, in denen ich meinen Vater kaum sah, weil er morgens schon früh aus dem Haus ging und erst spät abends wiederkam. Auch die Väter meiner Freunde arbeiteten viel. Oft kamen sie gestresst nach Hause, es gab Streit, einige fingen an zu trinken – und uns war klar: Das konnte nicht der Sinn des Lebens sein. Wenn schon viel arbeiten, dann sollte es wenigstens Spaß machen und uns Selbstverwirklichung bringen.

Wir sind vom materiellen Wohlstand geprägt, von einem Leben ohne existenzielle Krisen. Und haben gleichzeitig erfahren, dass dieser Wohlstand allein nicht glücklich macht. Ich kenne kaum Menschen in meinem Alter, die einen ausgeprägten Ehrgeiz haben, Karriere zu machen und möglichst viel Geld zu verdienen. Auch bei mir läuft der »Karrieremotor« längst im Leerlauf. Das war vor wenigen Jahren noch anders. Da besuchte ich die Hamburger Journalistenschule, von der es zumindest vor der so genannten Medienkrise hieß, sie sei ein Sprungbrett. Ich wollte nach der Schule unbedingt zum »Stern« oder »Spiegel«, lernte dann aber Journalisten kennen, die dort arbeiten und auch nicht glücklicher sind – und mir wiederum den »Luxus« neiden, nicht in Hierarchien zu stecken und frei über meine Zeit verfügen zu können. Mittlerweile genieße ich das Leben als freier Journalist, die Möglichkeit, tagsüber bei meinem Sohn zu sein – dafür verzichte ich gern auf Geld. Und so geht es nahezu allen, die ich kenne: Zeit und eine angenehme Arbeitsatmosphäre sind wichtiger als Geld. Dabei ist es nicht so, dass sich niemand mehr wirklich in seinen Job hineinhängt, im Gegenteil. Inzwischen ist es eine Selbstverständlichkeit, dass man im Praktikum umsonst arbeitet.

Meinem Vater war das Gehalt immer das Wichtigste, weil Arbeit für ihn in erster Linie der Existenzsicherung diente. Und deswegen ist es für ihn auch selbstverständlich, dass Menschen, die keinen Job haben, Kisten schleppen, kellnern oder Parks säubern sollen. Eine Einstellung, die gesellschaftlicher Konsens zu sein scheint – wenn nicht nur Konservative, sondern sogar der Generalsekretär der SPD dies öffentlich verkünden. Auch dass sich aus einem bestimmten Qualifikationsniveau kein Recht auf eine bestimmte Arbeit ableiten lasse. Und die SPD mit Hartz IV ein Gesetz beschließt, das einen Arbeitslosen dazu zwingt, jeden »legalen Job« anzunehmen.

Die Frage ist: Wäre man selbst bereit, Parks zu säubern, wenn man seinen Job verlöre? Auch wenn man zuvor 13 Jahre zur Schule gegangen ist und fünf Jahre studiert hat? Ich würde wahrscheinlich sagen: »Nur, wenn es gar nicht anders geht.« Und den Moment so lange wie möglich hinauszögern. Heißt das, dass es mir zu gut geht? Nahezu jeder aus meiner Generation, ob er nun studiert hat oder nicht, hat solche Jobs gemacht. Meine Freundin hat als Zimmermädchen in einem Hotel gearbeitet, mein Freund Marco hat Nachtdienste im Altenheim geschoben, und ich habe Handzettel verteilt. Wir haben das gemacht, um es später nicht mehr machen zu müssen: Das Studium war unsere Perspektive, diese Tätigkeiten halfen nur, es zu ermöglichen.

Aber so pragmatisch und illusionslos, wie wir sind, werden wir, wenn es nicht anders geht, eher wieder Betten machen und Handzettel verteilen, als eine gesellschaftliche Revolte zu initiieren. Wenn wir durch Hartz IV tatsächlich gezwungen wären, solche Jobs wieder anzunehmen, würden wir uns fühlen, als wären wir auf der Autobahn mit 180 losgeprescht und dann in ein Schlagloch gerast und mit Achsenbruch auf der Strecke geblieben. Während der Aufstieg das Bewusstsein der Generation meines Vaters prägte, wird es für meine möglicherweise der Abstieg sein. Klaus Wowereit, der Berliner Bürgermeister, sagte: »Die Jungen werden nicht mehr den gleichen Lebensstandard haben. Sie müssen eine Etage tiefer ansetzen.« Bezeichnenderweise sagt er dies auf einer Veranstaltung im Seniorenheim.

Das Erstaunliche ist: Diese Prognose macht mir nicht ernsthaft Angst, solange mit Lebensstandard der materielle gemeint ist. Vielleicht, weil ich als Erbe noch Nutznießer sein werde von der Lebensweise meiner Eltern. Vielleicht auch, weil ich eine andere Einstellung zu materiellen Werten habe. Ich würde behaupten, jederzeit in einer kleineren Wohnung leben und aufs Auto verzichten zu können, kein Problem damit zu haben, seltener ins Restaurant zu gehen und nicht mehr im Bioladen einzukaufen. Ich habe nie den Wunsch verspürt, ein teures Auto oder Designerkleidung zu besitzen. Als ich mir auf Anraten meiner Freundin meinen ersten Anzug kaufte, hatte ich tagelang ein schlechtes Gewissen. Mir machen auch Löcher in den Socken nichts aus, auch wenn meine Mutter sich jedes Mal für mich schämt und sagt: »Junge, was sollen die Leute denken!«

Ich verspüre keinen sozialen Druck aus meinem Freundes- und Bekanntenkreis, ich habe nicht das Gefühl, ich müsste einen »Status« vorweisen, um ihre Anerkennung zu bekommen. Jeder von ihnen kennt jemanden, der seinen Job verloren hat. Und jeder weiß, wie schnell das gehen kann. Während es im sozialen Umfeld meiner Eltern ein großes Thema wäre, wenn einer ihrer Bekannten das Auto verkaufen müsste, ist es in meinem Bekanntenkreis normal, erst gar keines oder nur ein altes zu haben. Das gilt selbst für die Freunde, die gut verdienen. Sie reisen viel, essen gut, kaufen sich Kleider und genießen den Moment – und wenn sie es sich mal nicht leisten können, dann lassen sie es. Es fällt ihnen schwer, sich Gedanken um die Absicherung der Zukunft zu machen. Alles, was über die Gegenwart hinausgeht, scheint so unsicher und wenig planbar, mit so vielen Eventualitäten behaftet, dass es einfacher ist, nicht darüber nachzudenken. So erklärt sich vielleicht auch die Angst vor größeren Anschaffungen, die sie über Jahre hinweg binden würden, wie der Kauf einer Wohnung. Weil sie immer gleich denken: Wer weiß, wie lange ich den Job noch habe?

Auch ich mache mir natürlich hin und wieder Gedanken, was wäre, wenn ich keine Aufträge mehr bekäme. Vor allem, weil meine Mutter mich oft danach fragt. Aber dann denke ich, dass es diese Sicherheit einfach nicht mehr gibt. Auch nicht für Menschen mit fester Anstellung. Es ist jetzt schon kein Problem für Unternehmen, Leute zu entlassen, und es wird in Zukunft immer einfacher werden. Dafür sorgt die Politik, indem sie den Kündigungsschutz immer weiter lockert. Soll ich mir deswegen ständig Sorgen machen? Nein! Es veranlasst mich nicht einmal, »auf mein Geld zu achten«. Wenn ich Lust habe, essen zu gehen und das Geld gerade habe, dann gehe ich essen. Eine Einstellung, die meine Eltern manchmal zur Verzweifelung bringt. Sie würden niemals in ein Taxi steigen, selbst mit viel Gepäck nehmen sie zum Flughafen lieber eine einstündige Straßenbahnfahrt und mehrmaliges Umsteigen in Kauf. Ehrlich gesagt, würde ich den Alltagstest, der

Politikern manchmal gestellt wird, nicht bestehen. Ich weiß nicht genau, wie viel ein Liter Milch kostet oder ein Stück Butter. Ich kaufe ein, ohne auf den Preis zu achten. Meine Eltern denken, ich lebte in Saus und Braus, und machen sich Sorgen um meine Zukunft. Ich hingegen sage ihnen, dass sie nicht immer an später denken, sondern sich jetzt etwas gönnen sollten, einen teuren Urlaub, gutes Essen oder ein Wellness-Wochenende; sie können es einfach nicht. Es würde ihnen körperlichen Schmerz verursachen, für sie wäre es, als würden sie Geld sinnlos verschwenden. Wenn ich ihnen von Freunden erzähle, die viel Geld verdienen und es trotzdem nicht schaffen zu sparen, schütteln meine Eltern den Kopf. »Denkt ihr gar nicht an die Zukunft eurer Kinder?«, fragen sie. Doch. Wir versuchen für sie da zu sein, viel Zeit mit ihnen zu verbringen, ihnen eine gute Ausbildung zu ermöglichen, aber ob wir ihnen Häuser vererben werden, ist eher ungewiss – und wenn, dann wahrscheinlich nur, weil wir sie mit dem Erbe unserer Eltern finanzieren konnten.

Oft unterhalte ich mich mit Freunden darüber, wie es unsere Eltern geschafft haben, zu Wohlstand zu gelangen, obwohl sie nicht unbedingt mehr verdient haben als wir. Es ist uns ein Rätsel.

Vielleicht liegt es tatsächlich an den Trauben. Als ich vor kurzem mit meiner Mutter im Bioladen war und sie den Preis für Trauben sah, sagte sie so laut, dass es mir fast peinlich war: »Wer 6,99 Euro für ein Kilo Trauben zahlt, ist entweder bekloppt oder es geht ihm zu gut.« Und auf dem Weg nach Hause sagte sie: »Junge, so wirst du es nie zu etwas bringen.«

Klatschen will gelernt sein

Es ist der 10. Dezember 2003, und Franz Müntefering, der Fraktionsvorsitzende, hat sich für den heutigen Abend viel vorgenommen: Er will uns Genossen von der Agenda 2010 überzeugen, die auf dem Parteitag in Bochum beschlossen wurde. Aber die Kritik hat seitdem nicht nachgelassen, vor allem die Linken in der SPD empfinden das Reformpaket als Bruch mit der sozialdemokratischen Tradition. Die Zusammenlegung von Arbeitslosen- und Sozialhilfe, die Lockerung des Kündigungsschutzes und die Verkürzung des Anspruchs auf Arbeitslosengeld bereiten vielen Genossen Magenschmerzen. Auf dem Parteitag wurde auch beschlossen, dass die SPD-Spitzenpolitiker durch die Wahlkreise ziehen und die Agenda vermitteln sollen.

Für den Auftritt von Genosse Franz ist der Festsaal des Berliner Abgeordnetenhauses vorgesehen. Rund um das Gebäude herrscht Verkehrschaos. Alle Zufahrtswege sind gesperrt, Polizisten haben Gitter aufgestellt. Schon einige hundert Meter vor dem Parlament muss ich meine Einladung vorzeigen. Es herrscht Sicherheitsstufe zwei.

Der Festsaal ist gut gefüllt, das Rednerpult steht vor einer blauen Stellwand mit dem SPD-Logo. Es ist 19 Uhr, kein Franz in Sicht. Auch nicht um 19.10 Uhr. Um 19.20 Uhr tritt ein Mann aufs Podium und sagt, der Franz werde sich verspäten. Sein Wagen stehe am Potsdamer Platz im Stau. Dort findet gerade die Europapremiere des Films »Herr der Ringe« statt. Sie hätten dem Franz geraten, sagt der Mann, das letzte Stück zu Fuß zu gehen, und dabei sei er von demonstrierenden Studenten belagert worden. Seit Wochen schon gehen in Berlin Tausende auf die Straßen. Der Berliner Senat hat den Etat der drei Universitäten um 75 Millionen Euro gekürzt.

Um 19.40 Uhr dann Applaus, Franz hat den Saal betreten, eilt zum Podium, einen roten Schal um den Hals. Den Franz kannte ich bisher nur aus dem Fernsehen – da kam er mir immer ein wenig streng vor, wie ein Vater, der erst die Hausaufgaben sehen will, bevor die Kinder spielen dürfen. Aber Franz ist unter den Genossen beliebt. Sie erhoffen sich von ihm, dass er die Regierungspolitik wieder »linker« macht.

Es ist es das erste Mal, dass ich hautnah eine politische Rede erlebe. Franz sagt, die Reformen kämen spät, ja, wer ihm das vorwerfe, habe Recht; es stimme auch, dass er vor einigen Jahren noch andere Dinge gesagt habe, aber müsse man sich ein Leben lang an das Gesagte von einst halten? Die Politik sei didaktisch falsch gewesen. Eigentlich hätten sie erst einen Parteitag einberufen müssen, auf dem ein theoretischer Überbau für die Reformen hätte diskutiert werden müssen. Aber sie hätten die Zeit nicht gehabt, deshalb hätten sie zuerst die Gesetze gemacht. Er sagt: Man habe das Zeitfenster 2003 nutzen müssen, damit die Partei zwei Jahre bis zur nächsten Wahl Zeit habe, um das Vertrauen wiederherzustellen. Eine Aufgabe, die auch mir in den nächsten Monaten im Wahlkampf zustehen wird. Franz sagt: Wir müssen dranbleiben. In der Opposition sei nämlich die ganze Arbeit für den Papierkorb, und das sei Mist. Und die schlechten Umfragen sollten wir auch in den Papierkorb, schmeißen. Das mache er auch so. Er bekommt immer wieder großen Applaus. Er sagt: Es fehlten 70000 Ingenieure, man solle nicht Ingenieure aus dem Ausland holen, wenn gleichzeitig viele 50-jährige deutsche Ingenieure arbeitslos seien. Die Genossen klatschen sich die Hände wund. Und ich frage mich jedes Mal, ob das zur Inszenierung gehört oder ob sie wirklich überzeugt sind. Ich klatsche kein einziges Mal. Nicht weil mir nicht gefiele, was Müntefering sagt – ich habe ein grundsätzliches Problem, nicht mit ihm persönlich, sondern mit allen Spitzenpolitikern, egal welcher Partei: Ich glaube ihnen nicht. Ich glaube ihnen nicht, wenn sie Versprechungen machen, wenn sie behaupten, von illegalen Spenden nichts gewusst zu haben, wenn sie sagen: Erst das Land, dann die Partei. Zu oft hat sich Gesagtes hinterher nicht bewahrheitet. Ich frage mich immer wieder, was in einem Menschen vorgeht, der die Öffentlichkeit bewusst täuscht. Der Höhepunkt war der Auftritt von US-Außenminister Colin Powell vor dem Sicherheitsrat der UNO: eine Multimedia-Show aus Fotos, auf denen nichts zu erkennen war, und Tonbandaufnahmen, die auch die Aufzeichnung eines Gesprächs zweier Autoknacker hätten sein können und mit denen Powell Milliarden von Menschen in die Irre führte, ohne auch nur rot zu werden. Oscarverdächtig! Der kurzfristige Effekt solcher öffentlicher Täuschungen mag die Durchsetzung eines politischen Vorhabens oder der Erhalt der eigenen Macht sein – der mittelfristige aber ist Vertrauensverlust. Und das wiegt langfristig um einiges schwerer.

An diesem Abend trifft mein Misstrauen den armen Franz, der in Parteikreisen sogar als ausgesprochen glaubwürdig gilt. Franz redet und redet, und ich denke: Vielleicht ist es sogar richtig, was du sagst, aber du wirst es eh nicht umsetzen.

Ein Juso-Vorsitzender sagte mir, dass er in den ersten zwei Jahren gelernt habe, dass man die Wahrheit manchmal etwas verbiegen müsse, um eine Abstimmung zu gewinnen. Als ich meiner Freundin davon erzähle, sagt sie: »Bist du wirklich so naiv?« Das sei eben so in der Politik, das wisse doch jedes Kind. Aber genau das ist das Problem. Wieso bin ich der Naive, wenn ich mir einfach nur Ehrlichkeit wünsche? Klar, jeder lügt mal. Aber es hat andere Konsequenzen, ob ich meiner Freundin gegenüber Kopfschmerzen vortäusche, weil ich lieber Fußball gucken als mit ihr ins Theater gehen will, oder ob ein Kanzler Millionen von Menschen blühende Landschaften prophezeit. Wie oft wird in Talk-Sendungen darüber gesprochen, dass es Politikern an Glaubwürdigkeit fehle und dass sie dagegen etwas tun müssten. Ist das wirklich so schwierig? Wie wäre es, wenn jeder Politiker sich einfach mal vornähme, allen taktischen Überlegungen zum Trotz grundsätzlich die Wahrheit zu sagen?

Das klingt nach: Ich habe einen Traum … Aber ich würde es als Segen empfinden, wenn ein Politiker mal einen ehrlichen Wahlkampf bestreiten würde, ohne leere Versprechungen oder bewusste Täuschungen. Und mit der Souveränität, auch Zweifel zuzulassen. Nach der Bundestagswahl von 1998 nahm ich der SPD den Dilettantismus übel, mit dem sie ans Regieren ging. Nach der Bundestagswahl 2002 fühlte ich mich getäuscht, weil die Wahrheit über die schlechte Lage in Deutschland erst kurz nach dem Wahlsieg verkündet wurde. Und auch in Münteferings Rede an diesem Abend ist ein Widerspruch, der allerdings nur mich zu stören scheint. Er sagt, Ziel der SPD sei, dass mehr Menschen studierten. War es nicht die von der SPD geführte Landesregierung, die die Kürzungen des Bildungsetats beschlossen hat? Wie passt das zusammen?

Später erfahre ich, dass die Sicherheitsstufe zwei nicht wegen Müntefering ausgerufen wurde, sondern wegen der Demonstranten gegen diese Bildungspolitik.

Neues Jahr, neues Glück

Kurz vor Weihnachten beschließt der Bundestag die Agenda 2010, nachdem im Vermittlungsausschuss SPD und CDU heftig miteinander gerungen haben. Der Kanzler hat sich durchgesetzt, die SPD allerdings bleibt im Stimmungstief. Nicht einmal jeder dritte Deutsche ist der Meinung, die Bundesregierung habe ihre Sache im Großen und Ganzen gut gemacht. Allerdings glauben auch nur 27 Prozent, dass die CDU eine bessere Politik machen würde. Im Dezember käme die SPD bei einer Bundestagswahl auf 28 Prozent, das ist der schlechteste Wert, den die SPD im Politbarometer seit 1977 erreicht hat.

Generalsekretär Olaf Scholz verschickt eine Rundmail an uns Genossen. »Ein arbeitsintensives und nicht immer einfaches Jahr 2003 (…) hat einen guten politischen Abschluss gefunden. Deutschland bewegt sich und wir können stolz darauf sein, dass in unserem Land die SPD die Kraft der Erneuerung ist. In nur neun Monaten seit der Rede Gerhard Schröders vom 14. März ist es gelungen, alle großen Reformvorhaben der Agenda 2010 zu beschließen.« Für das Jahr 2004 werden die nächsten Schritte angekündigt: »unser Bildungssystem wieder an die Spitze zu bringen, Deutschland kinderfreundlicher zu machen und das Solidarsystem zu stärken«.

Der Juso-Landesvorsitzende Fabian Schmitz bittet: »Lasst uns intern streiten und diskutieren, nach außen aber gemeinsam für eine bessere, eine zukunftsfähige und gerechte Zukunft kämpfen!« Und die Schatzmeisterin Inge Wettig-Danielmeier schreibt: »Wir haben in den vergangenen zwölf

Monaten an Vertrauen verloren. Etwa 30 000 Mitglieder haben die SPD verlassen, weil sie die notwendigen Reformen schwer verstanden haben. (...) Wir schaffen das nicht allein! Deshalb bitten wir dich darum, weiter zu unserer Partei zu stehen und weiter für unsere SPD und unsere Politik zu arbeiten.«

Drei Wochen zuvor hatte ich schon ihre schriftliche Bitte um finanzielle Unterstützung für die SPD bekommen: »Jede Spende hilft uns, denn hinter uns stehen keine finanzkräftigen Gönner.«

Auch ich nutze jedes Jahresende für einen persönlichen Rückblick und stelle mir neue Ziele für das kommende Jahr. Es ist ein Ritual, das meine Freundin nicht mehr ernst nimmt. Für 2003 hatte ich mir vorgenommen, täglich Situps und Liegestütze zu machen, meine Freundin regelmäßig zu massieren, mit ihr ins Theater zu gehen, weniger Fußball zu schauen – und mehr Sex zu haben.

Während eines Spaziergangs fragt mich meine Freundin, ob ich Ziele habe, was die SPD angeht. Damit sie sich darauf einstellen könne. Mir wird klar, dass ich mir darüber noch keine Gedanken gemacht habe. Außer scherzhaften. Wie es wäre, im Kanzleramt zu wohnen, für jedes Fußballfinale Freikarten zu bekommen und die Welt durch das Spalier von Bodyguards zu betrachten. Eine völlig utopische Vorstellung, von der ich mir nicht wünsche, dass sie Wirklichkeit wird. Da geht es mir nicht anders als meinen Freunden. Auf die Frage, »Möchtest du Kanzler werden?«, ist die Reaktion einhellig: »Um Gottes Willen. Auf keinen Fall!« Zu stressig, zu viel Ärger, immer in der Öffentlichkeit, keine Zeit mehr für Freunde und Familie. Für den einen wäre es eine Abhängigkeit, die er möglichst vermeiden möchte. Für andere ist es ein Haifischbecken, in das sie nicht springen möchten. Wo sind die Jungen, die am Tor zum Kanzleramt rütteln? Ich kenne keinen, auch in der Partei nicht (zumindest keinen, der es so sagen würde). Aber wenn die Netten nicht Kanzler, Fraktionsvorsitzender oder wenigstens Generalsekretär werden wollen, dann bleiben die weniger Netten. Aber das war ja schon in der Schule so, als es um den Posten des Schulsprechers ging.

Meine Ziele? Ein Amt auf keinen Fall. Ich möchte zusammen mit Menschen, die ich mag, Ideen umsetzen, die ich gut finde, und ich hätte nichts dagegen, wenn dies auch noch Spaß machte. Und den habe ich am ehesten in meinem Juso-Verband. Ich mag die Leute dort, sie sind jung, sympathisch und engagiert. Ich habe das Gefühl, dass sie mich von Anfang an ernst genommen haben und dass ich mich jederzeit einbringen könnte. Das ist vielleicht, rückblickend, die wichtigste Erkenntnis der ersten drei Monate als Genosse. Ich habe meine Nische gefunden. Es gibt so viele Veranstaltungen und Möglichkeiten, sich in der Partei zu engagieren, dass man sich schnell verliert. Man muss Prioritäten setzen. Es wird mir viel leichter fallen, mich mit diesem kleinen Kreis von Leuten zu identifizieren als mit der SPD an sich. Und wenn mich jemand fragt, wieso ich in der SPD sei, könnte ich sagen: Weil ich die Leute aus meinem Kreis mag. Eine Clique zu haben sei wichtig, sagt mir ein Genosse, der vor über zwölf Jahren die Jusos im Prenzlauer Berg mitgründete. Er war Student, als er eintrat, zusammen mit Freunden. Diese Clique hält zusammen, auch jetzt noch, obwohl man älter wird, Familie hat und viel weniger Zeit. Es sei eher selten und unwahrscheinlich, sagt er, dass jemand in meinem Alter in die Partei eintrete und eine feste Bindung zu ihr aufbaue.

»Du brauchst keine Angst zu haben«, sage ich meiner Freundin, »ich bin nicht darauf aus, Parteikarriere zu machen.«

Sie bleibt stehen und sieht mich an. »Das heißt, ich werde nicht ins Kanzleramt einziehen?«

»Wärst du denn bereit, die nächsten 20 Jahre zurückzustecken? Allein aufs Kind aufzupassen? Deinen Beruf zu vernachlässigen?«

Ich frage mich, wie man Parteikarriere und Familie vereinbaren könnte. Von einem Genossen aus meinem Juso-Verband erfahre ich, dass er häufig Streit hat mit seiner Freundin, die sich für Politik kaum interessiert. Eine Krise hatten sie im Sommer vor der vergangenen Bundestagswahl, als er Wahlkampf machen und sie mit ihm in den Urlaub fahren wollte. Und die beiden haben nicht mal ein Kind. Als ich einen Genossen, der Familie hat, frage, wie er das hinbekommt, sagt er: »Das ist wirklich ein Problem. Wahrscheinlich ist das ein Grund, weshalb es an der Spitze der Berliner SPD so viele schwule Männer gibt.«

»Also«, frage ich meine Freundin, »wärst du bereit dazu?«

»Sicher nicht«, sagt sie, »obwohl es auch schön ist, wenn du mal aus dem Haus bist.«

2004 ist das »Superwahljahr«. Fünf Landtagswahlen stehen an, in Hamburg, Thüringen, Brandenburg, Saarland und Sachsen, außerdem die Bundespräsidenten- und Europawahl, einige Kommunalwahlen einschließlich der in Nordrhein-Westfalen, dem stärksten SPD-Landesverband. Es könnte das Jahr der Entscheidung werden. Wenn die SPD alles verliert, so wird spekuliert, könnte Schröder nach der Wahl in Nordrhein-Westfalen entweder sich selbst oder sein Kabinett an die Luft setzen. Die CDU, so heißt es, bereite sich schon auf den Machtwechsel vor.

Damit es dazu nicht kommt, startet die SPD mit Elan ins neue Jahr: Die Bildungsoffensive steht an. Am 6. Januar beschließt der Vorstand auf seiner Klausurtagung die »Weimarer Leitlinien Innovation«: Bis 2010 sollen 40 Prozent eines Altersjahrgangs studieren und private und öffentliche Investitionen in Forschung und Entwicklung von 2,5 auf drei Prozent des Bruttoinlandproduktes erhöht werden. Bildung ist unser aller Zukunft.

Nimmt man den Bundeshaushalt zum Maßstab, scheint das Militär aber noch wichtiger zu sein. Dieses Budget macht 9,6 Prozent des Haushalts aus, insgesamt 24 Milliarden Euro. Auch die Schuldentilgung steht in keinem Verhältnis zur Bildung. 38,5 Milliarden Euro sind dafür angesetzt. Der Bildungsetat des Bundes beträgt dagegen nur 12 Milliarden Euro. Vielleicht bin ich wieder mal naiv – aber das Ziel, eine Stelle hinter dem Komma zu verändern, halte ich weder für besonders mutig noch für einen großen Zukunftsentwurf.

Trotzdem: Bildung ist ein positiv besetztes Thema, und die SPD hat das erkannt. Eine gute Initiative, aber die Idee der »Weimarer Leitlinien Innovation«, in Deutschland Elite-Universitäten zu schaffen, löst in den folgenden Wochen heftige Debatten aus. In meiner Abteilung ärgern sich Genossen über diesen Begriff. »Jetzt ist es schon die SPD, die von Elite redet«, sagt eine ältere Genossin, das sei nicht mehr ihre SPD. Auch über Studiengebühren wird diskutiert. Die Jusos Nord-Ost veranstalten einen Diskussionsabend zu diesem Thema und verabschieden einen Antrag, der Verzicht auf Studiengebühren fordert. Auf der Landesdelegiertenkonferenz wird er später tatsächlich durchkommen.

Eher zufällig stoße ich bei »amazon« auf ein Buch mit dem Titel »Innovation für Deutschland«. Gerhard Schröder ist Mitherausgeber. Im Buch steht: »Bildung ist die Zukunftsaufgabe Nummer eins. Wir wollen die Voraussetzungen dafür schaffen, dass im Bundeshaushalt die Zukunftsinvestitionen in Forschung, Bildung und Wissenschaft innerhalb von fünf Jahren verdoppelt werden. (...) Unsere Leitidee heißt: Bildung für alle. (...) Dazu gehört volle Chancengleichheit beim Zugang zu höherer Bildung, und zwar für Frauen genauso wie für Männer. Bildung für alle bedeutet: gleiche Bildungschancen für die Kinder aus einkommensschwächeren Familien. Das heißt: bedarfsgerechte BAföG-Förderung und eine klare Absage an Studiengebühren. (...) Die Ausbildung unserer Jugend ist die wichtigste Investition für die Zukunft unseres Landes. Es ist nicht länger hinnehmbar, dass immer mehr junge Menschen keinen geeigneten Ausbildungsplatz finden. (...) Die Ausbildung unserer Jugend ist eine Pflicht! Deshalb ist es nicht mehr hinnehmbar, dass nur ein Teil der Betriebe seiner Ausbildungspflicht nachkommt, aber immer mehr Unternehmen sich vor dieser Aufgabe drücken.«

Das Buch ist im März 1998 erschienen, ein halbes Jahr bevor Gerhard Schröder Kanzler wurde. Im Wortlaut erinnert es sehr an die aktuellen Vorschläge. Wenn Bildung schon damals ein so wichtiges Thema war, warum wurden die vergangenen sechs Jahre dann nicht für die große Bildungsoffensive genutzt? Auch in diesem Punkt verliert die Regierung für mich an Glaubwürdigkeit.

Vielleicht ließe sich Geld auftreiben, wenn die Prioritäten andere wären. Kurz nach dem 11. September 2001 wurde in einem Eildurchlauf die Tabaksteuer erhöht, so kamen drei Milliarden Euro zur Finanzierung von Anti-Terror-Maßnahmen zusammen. Ich habe keinen einzigen Menschen für Soldaten in Afghanistan oder mehr Beamte im BKA demonstrieren sehen, und außer Boulevardjournalisten und CDU-Politikern hat sie auch niemand gefordert. »Es muss erst zur Katastrophe kommen, bevor sich etwas ändert«, sagt ein älterer Genosse auf der Weihnachtsfeier.

Für meinen Sohn haben wir ein Sparkonto angelegt, damit er später mal studieren kann. Fast alle meiner Freunde, die es sich leisten können, machen das. Denn auch wenn Schröder sich vor sechs Jahren noch klar gegen Studiengebühren ausgesprochen hat, sie werden kommen. Da ist sich auch der Berliner Bürgermeister Wowereit sicher. Auf einer Veranstaltung in einem Seniorenheim sagt er, am Ende des Jahres hätten wir Studiengebühren. Es sei nicht nachvollziehbar, dass man für einen Kita-Platz zahlen müsse, nicht aber für einen Studienplatz. Eine stringente Argumentation, zugegeben. Aber man könnte sie auch umkehren: Müsste nicht auch die Kita umsonst sein?

Auf der richtigen Seite

Am 10. Januar 2004, einem Samstag, marschieren die Neonazis auf. Ein paar Tage zuvor bekam ich eine Rundmail von den Jusos, dass der Stadtteil Lichtenberg unsere Unterstützung brauche. »Wir dürfen nicht zulassen, dass die Nazis ohne Widerspruch demonstrieren können. Wir müssen ihnen zeigen, dass wir solches Gedankengut nicht dulden!«

Treffpunkt ist um kurz vor 12 Uhr am S- und U-Bahnhof Lichtenberg, Ausgang Frankfurter Allee. Ein Freund von mir kommt mit, wir fahren an Dutzenden von Polizeibussen und Wasserwerfern vorbei. Der gesamte Bahnhof ist von Polizisten abgeriegelt. Wenn ich richtig gezählt habe, ist dies die dritte Demo, an der ich teilnehme. Rein statistisch war ich also alle elf Jahre auf einer Demo. Nicht gerade oft. Aber schon als Schüler hielt ich das Demonstrieren für eine sehr ineffiziente Form des Protests. Man lief mit, zeigte kaum mehr als seine körperliche Anwesenheit, was schon im Schulunterricht gerade mal für eine Fünf reichte. Man wusste nie, wie viele Menschen kamen, musste befürchten, dass es regnen würde, und war davon abhängig, dass irgendein Kamerateam filmte. Sonst wurde man nicht einmal wahrgenommen. Demos waren rein symbolische Veranstaltungen, die symbolische Bilder liefern mussten. Das sieht man auch in den Nachrichtensendungen im Fernsehen: Am besten man zündet eine Fahne an, das wird immer gezeigt. Oder noch besser: Man zieht sich aus. Die Studenten, die nackt durch Berlin liefen, um gegen die Kürzungen im Bildungsetat zu protestieren, kamen in fast jede Zeitung. Sex sells. Was sich glücklicherweise weder bei den Neonazis noch bei den Jusos herumgesprochen hat. Ich muss den ganzen Bahnhof absuchen, bis ich die Jusos finde, so klein ist die Gruppe. Wir sind zu sechst, dann nur noch zu viert, weil zwei sich weigern, hinter der Gruppe von Autonomen herzulaufen. Das sei nicht das richtige politische Signal. Wir anderen folgen den Autonomen – in sicherem Abstand.

Die Frankfurter Allee, von 1949 bis 1961 hieß sie Stalinallee, war einst die Prachtstraße Ost-Berlins, sie ist sehr breit und führt direkt auf den Alexanderplatz. Auf der einen Seite laufen wir hinter 60 jungen Menschen in schwarzen Kapuzenpullis her. Auf dem Mittelstreifen haben sich die Polizisten aufgereiht, auf der anderen Straßenseite, etwa 30 Meter entfernt, werden die Neonazis vorbeimarschieren und gegen das »Landser«-Urteil demonstrieren. Das Berliner Kammergericht verurteilte im Dezember 2003 den Texter und Sänger der Skinhead-Band »Landser« wegen Volksverhetzung und Verbreitung von Nazi-Propaganda zu 40 Monaten Haft. Seine Texte sollen so manchen rechtsextremen Schläger aufgeheizt haben, unter anderen die, die im Februar 1999 den Algerier Omar Ben Nui durch Guben in Brandenburg zu Tode hetzten, sowie die Mörder des Afrikaners Alberto Adriano in Dessau.

Selten bin ich so sicher wie heute, auf der richtigen Seite zu stehen. Die Neonazis marschieren auf der rechten Straßenseite, wir auf der linken. Wenn das Leben nur immer so einfach wäre!

Schon bald kommt unser Zug ins Stocken. Die Autonomen haben Durst. Sie stürmen in die Aral-Tankstelle, um sich Bier zu kaufen. Die Polizei hinterher. Aral gehört zu BP, einem der größten Öl-Multis der Welt. Johannes Arlt hat wohl wirklich Recht, wenn er von einer »Jugend ohne Dogmen« spricht.

Man merkt, dass wir in einer multimedialen Gesellschaft leben. Fast jeder dritte Neonazi hat eine Videokamera dabei und filmt seine Kameraden, die Polizisten und uns. So viele Kameras habe ich zuletzt vor drei Jahren auf der Alhambra in Granada gesehen, da musste man auch ständig aufpassen, nicht jemandem ins Bild zu laufen.

An einer Straßensperre wird unser Zug gestoppt, zu unserem eigenen Schutz werden wir von der Polizei eingekesselt. Wir vier Jusos stehen etwas verloren zwischen Polizisten und Autonomen und können uns nicht gleich entscheiden, wer das Transparent hochhalten soll, auf dem steht: »Jusos against capitalism and antisemitism.«

Bis kurz vor der Demo war ich mir nicht sicher, ob ich hingehen sollte, aber jetzt bin ich froh, hier zu sein. Nach den vielen Diskussionsveranstaltungen der vergangenen Wochen, habe ich zum ersten Mal das Gefühl, wirklich aktiv gewesen zu sein. Weil es viel unmittelbarer ist. Ein Transparent hochhalten und Parolen rufen, fühlt sich eher danach an, etwas zu tun, als Diskussionen im Ortsverein.

Am Montag darauf lese ich in der »Süddeutschen Zeitung« eine Meldung mit der Überschrift »Landser-Marsch«: »Etwa 500 Neonazis haben am Samstag in Berlin gegen das ›Landser‹-Urteil des Kammergerichts demonstriert. Der Protestmarsch, der von einem massiven Polizeiaufgebot begleitet wurde, verlief laut Behörden ohne Zwischenfälle. Erst im Anschluss an die Aktion demolierten Gegendemonstranten in einem S-Bahnhof einen Waggon, in dem sich vermutlich Teilnehmer des Nazi-Aufmarsches befanden.«

Zu dem Zeitpunkt saßen mein Freund und ich längst in einem arabischen Imbiss und aßen Schawarma.

Begegnung: Manuela

Manuela kann es immer noch nicht fassen. Was war nur mit ihr los? Sie hatte für die Abteilungssitzung ein Referat über die EU-Erweiterung vorbereitet, aber als ihr der Vorsitzende das Wort gab, saß sie da und wusste nicht, wie sie anfangen sollte. »Mir fehlten einfach die Worte«, sagt sie. Ein Blackout. Vier Tage ist das her, und es beschäftigt sie noch immer.

Manuela ist eine Frau voller Energie, klein, schlank, 38 Jahre alt und Mutter einer 16-jährigen Tochter. Zum ersten Mal sah ich sie bei der Veranstaltung mit Niels Annen, dann immer mal wieder, bis wir uns schließlich verabredet haben. Wir sitzen im Café »November« in der Nähe des Kollwitzplatzes. Manuela hat ein großes Bier bestellt.

Politik machen heißt, immer und zu allem eine Meinung haben – und reden: überzeugend, rhetorisch geschickt, schlagfertig, unterhaltsam. Auf keinen Fall stotternd. Man stelle sich vor, der Kanzler setze auf dem Parteitag zur großen Erklärung an und hätte plötzlich ein Blackout … In der Abteilung wird es einem verziehen. Die Genossen schauten Manuela an, ließen ihr Zeit, es hätte jeden von ihnen treffen können. Die wenigsten nämlich brillieren im Reden, die geschliffene Politikersprache hört man in den Abteilungen oder auf Juso-Sitzungen selten. Dieser Jargon kommt später, mit den Parteiämtern und der Öffentlichkeit. Trotzdem ärgert es Manuela, dass sie so unsouverän mit der Situation umgegangen ist. Schon vorher hatte sie mal gesagt: »Ich bin hier falsch, die Leute sind zu ehrgeizig.« Ehrgeiz auf eine Parteikarriere verspürt sie nicht. »Ich bin nicht der große Macher«, sagt sie. Ihr geht es um die Meinungsbildung. Auf meine Frage, was es für sie bedeute, aktiv Politik zu machen, sagt sie: »Meine Stimme in großer Runde zu erheben und so die Möglichkeit zu haben, gehört zu werden.« Die Gesellschaft verändern, Einfluss nehmen – das sind Ziele, die viele am Anfang ihrer Parteikarriere vor Augen haben, und wenn daraus nichts wird, dann wenigstens kleine Dinge umsetzen: einen Park erhalten, eine Verkehrsberuhigung durchsetzen. Auf die Frage, was für sie Erfolg wäre, nennt Manuela die kleinstmögliche Einheit: »Einen neuen Gedanken mitzunehmen.« Ist es das, was bleibt vom anfänglichen Elan? Die Partei als Inspirationsstätte?

In der Behörde, wo sie arbeitet, fühlt sie sich als Genossin manchmal wie eine Exotin. Ihre Kolleginnen lesen die »Bild«-Zeitung und schimpfen auf die Regierung, keine von ihnen käme auf die Idee, einer Partei beizutreten. Auch in der Familie muss sie oft den Kopf hinhalten. Und es fällt ihr zunehmend schwer, die Politik zu verteidigen. »Wenn die Leute fragen, wieso sie SPD wählen sollten«, sagt Manuela, »tja, dann weiß ich im Moment auch keine Antwort.«

Als ich das letzte Mal mit Manuela sprach, spielte sie mit dem Gedanken, aus der SPD auszutreten. Sie fand die Antikriegshaltung nicht glaubwürdig, weil die Bundesregierung den amerikanischen Bombern trotz allem Überflugrechte einräumte, außerdem belasteten die Reformen zu stark die kleinen Leute. Auf die Einführung der Vermögenssteuer warte sie immer noch. Sie möchte immer genügend Abstand behalten, um jederzeit alles hinschmeißen zu können.

Manuela ist in der DDR aufgewachsen und wurde, wie sie sagt, sehr früh politisiert. In den 70er Jahren, als sich in Westdeutschland die Umweltbewegung etablierte und die Grünen an Bedeutung gewannen, als es Proteste gegen den Schnellen Brüter in Kalkar gab, verfolgte sie die Fernsehnachrichten und wurde dadurch »infiziert«, wie sie sagt. Gleichzeitig steigerte sich ihre Wut auf den repressiven DDR-Staat, der ihr keinen politischen Freiraum ließ. Manuelas Mutter ist Polin, auch Manuela ist im Besitz eines polnischen Passes. Sie habe unter Ausländerfeindlichkeit gelitten, sagt sie, die Wohnung ihrer Eltern sei mehrfach mit Eiern beworfen worden und sie sei öfter verprügelt worden. Früh schon war ihr klar, dass sie weg wollte. Mit 19 floh sie nach West-Berlin. Die erste Zeit verbrachte sie im Auffanglanger Marienfelde, wo sie ihren zukünftigen Mann kennen lernte. Nach der Wende zogen sie gemeinsam zurück in den Ostteil Berlins, nach Pankow.

Vor eineinhalb Jahren trat Manuela in die SPD ein, nach der Trennung von ihrem Mann, weil sie auf einmal Zeit hatte. Die SPD stand in ihren Augen für eine »gerechte Gesellschaft«. Heute ist sie sich da nicht mehr so sicher.

Trotz ihrer Zweifel wird Manuela demnächst stellvertretende Abteilungsvorsitzende. Sie ist eine der Jüngsten ihrer Abteilung und recht aktiv, deswegen hat der Vorsitzende sie auch gefragt. Erst vor kurzem hat sie eine Reise nach Travemünde organisiert, die allen großen Spaß gemacht hat: Morgens mit dem Bus hin, Besuch des Marinestützpunkts, abends zurück. Sie sieht das neue Amt als persönliche Herausforderung. Sitzungen vorbereiten und leiten, andere Genossen motivieren – und reden natürlich, selbst wenn manchmal die Worte fehlen sollten.

Die Justizministerin weiß nicht weiter

»Oh, da kommt die Ministerin und wir sind nur zu viert!«, ruft eine der anwesenden Frauen um kurz nach 19 Uhr. Manuela hat mich mitgenommen, und jetzt sitzen wir im Bezirksamt Wedding. Die ASF, die Arbeitsgemeinschaft Sozialdemokratischer Frauen, hat Justizministerin Brigitte Zypries eingeladen. Thema: Die Verschärfung des Sexualstrafrechts. Zwar trudeln später noch ein paar Frauen ein, so dass am Ende etwa zehn Menschen im Raum sitzen werden, aber dieser Moment ist allen Beteiligten, besonders den Organisatorinnen, sichtlich unangenehm. Eine Bundesministerin nimmt sich Zeit, die Veranstaltung ist seit Monaten geplant – und dann so wenige Interessierte. Ein Anzeichen für die viel beklagte Politikverdrossenheit?

Brigitte Zypries lässt sich nichts anmerken. Das Gute an solchen kleinen Runden: Sie sind sehr familiär. Und wann hat man schon mal die Gelegenheit, sich mit einer Ministerin Salzstangen zu teilen? Ich weiß nicht, ob es an dieser vertraulichen Atmosphäre liegt oder am Charakter der Genossin Brigitte: Sie gesteht Schwächen ein, sagt Sätze wie: »Ich sehe das Problem, weiß aber keine Lösung.« Diese Eingeständnisse machen sie für mich glaubwürdig und sympathisch.

Ist sie unverdorben, weil sie die Ochsentour nicht gemacht hat? Sie hat kein Mandat und hatte nie ein Amt in der Partei. Nach dem Studium war sie wissenschaftliche Mitarbeiterin beim Bundesverfassungsgericht, dann Referatsleiterin unter Gerhard Schröder, als der noch Ministerpräsident war, und später Staatssekretärin im Bundesinnenministerium.

Seit zwanzig Jahren, sagt sie, liege die Dunkelziffer von sexuellem Missbrauch innerhalb der Familien bei 80 Prozent. »Ich wusste mir keinen Rat mehr, deshalb hatte ich die Idee von der Anzeigepflicht.« Ihre Idee, dass jeder, der von einem Missbrauch weiß, Anzeige erstatten muss, wurde allerdings auf Druck der Opferverbände auch wieder aus dem Gesetzesentwurf herausgenommen. Brigitte Zypries fragt in die Runde, was wir von einem Antidiskriminierungsgesetz hielten. Dazu gebe es eine EU-Richtlinie, die sie in deutsches Recht umsetzen solle, allerdings sei sie selbst wenig überzeugt von so einem Gesetz. Ich sage, es hätte symbolische Wirkung, wäre ein Zeichen an die betroffenen Menschen, dass die Regierung von Diskriminierung wisse und diese missbillige. Brigitte nickt. Natürlich ist nicht zu erwarten, dass sie jetzt alles daransetzt, das Gesetz schnellstmöglich durchzubringen, aber sie erweckt zumindest den Eindruck, ernsthaft zuzuhören.

Auf Veranstaltungen mit anderen Spitzenpolitikern werden die Fragen aus dem Publikum gesammelt, der Redner macht sich währenddessen Notizen und beantwortet dann in einem Rundumschlag fünf auf einmal, einige ausführlich, andere gar nicht. Er behält immer das letzte Wort, es gibt keine Möglichkeit nachzuhaken, dadurch sind solche Auftritte im Grunde witzlos. Denn der Politiker »stellt« sich zwar den Genossen, aber weil er über offensichtliche Widersprüche hinweggeht und Kritik abperlen lässt, als sei er teflonbeschichtet, erfüllt einen immer ein Gefühl von Ohnmacht. Wer hat den Politikern nur eingeimpft, niemals eine Schwäche zu zeigen? Sind es wirklich die Berater, wie mir Johannes Arlt sagt?

Eigenschaften, die mir bei meinen Freunden wichtig sind – Nachdenklichkeit, Selbstzweifel, auch Ängste – sind im öffentlichen Auftreten von Politikern ausgeblendet. Wann hört man schon mal von einem Politiker, dass er unsicher ist? Dass er sagt: »Ich weiß auch nicht, ob das richtig ist, ich glaube es aber.« Dass er zugibt, schlecht zu schlafen, oder einräumt: »Natürlich mache ich auch Fehler, wie jeder Mensch.«

Politiker sind mir dann nahe, wenn sie authentisch sind. Helmut Kohl war mir ein einziges Mal sympathisch: als er 1991 in Halle den Leuten an die Gurgel wollte, die ihn mit Eiern bewarfen. Das war eine menschliche Reaktion, die nicht einstudiert war. Beim Lesen von Urschels Schröder-Biografie kam der Kanzler mir an einer einzigen Stelle nah: als ich las, er habe nach dem 11. September schlaflose Nächte verbracht.

Ich stelle mir vor: Schröder sagt im Parlament, die Agenda 2010 sei ein Versuch, er glaube daran, wisse aber nicht, ob sie der Weisheit letzter Schluss sei. Sofort würde Friedrich Merz aufspringen und bellen: Dies sei der Anfang vom Ende, der Kanzler gestehe ein, dass er keine Ahnung habe, wir bräuchten Neuwahlen. Was aber, wenn Schröder dann fragen würde: Herr Merz, Sie sind also unfehlbar? Wie Jesus? Wer würde Merz noch mögen, wenn er mit Ja antwortete?

Ja, ja, ich weiß schon. Ich bin ja sooo naiv. Es ist auch das letzte Mal. Sonst nimmt mich meine Freundin bald nicht mehr ernst.

Der Bürgermeister und die Rentner

Solche Veranstaltungen beginnen immer mit Mikroproblemen. Erst ist der Ton zu leise, jemand ruft: »Lauter!« Dann spricht der Redner lauter, woraufhin ein anderer ihm das Mikro näher an den Mund schiebt, dann fängt es an aus den Boxen zu pfeifen und einige Zuschauer halten sich die Ohren zu. In seiner Aufregung stellt der Mann am Mikro den Bürgermeister mit den Worten vor: »Herzlich Willkommen, Wolfgang.« Der daraufhin berichtigt, er sei der Klaus.

Es ist der 26. Januar 2004, Klaus Wowereit, der Regierende Bürgermeister von Berlin, ist zu Gast im Seniorenheim der Arbeiterwohlfahrt in Pankow. Im Publikum sitzen vornehmlich Rentner – ich hätte die Einladung doch genauer lesen sollen. Geladen hat nämlich die AG 60+.

Wowereit ergreift das Mikrofon, hat schnell die richtige Entfernung zum Mund gefunden und hält einen einstündigen Monolog. Zu Beginn weist er darauf hin, dass die SPD sich nach wie vor im Wahlkampf befinde. Die CDU habe das Ergebnis der letzten Bundestagswahl immer noch nicht verkraftet und führe seitdem eine Kampagne. Er sagt das, lange bevor Schröder ankündigt, der »Bild«-Zeitung keine Interviews mehr zu geben. Mit diesem Schritt bringt Schröder die versammelte Presse gegen sich auf – als wäre es deren Schuld, dass die SPD so miserable Umfragewerte hat.

Was ist noch erwähnenswert aus Wowereits Rede? Vielleicht der Satz: »Politiker wollen immer geliebt werden.« Oder die Aussage, dass es einfach sei, eine Politik auf Kosten der nächsten Generation zu machen. »Niemand steht vor dem Rathaus und protestiert, wenn ich mehr Kredit aufnehme. Aber wenn ich Gelder bei kleinen Einrichtungen streiche, gibt es Proteststürme.«

Nach dem Monolog wird die Fragerunde eröffnet. Ein alter Mann meldet sich. Berlin sei nicht mehr sicher, sagt er, und Neukölln nicht mehr regierbar. Und dann die Ausländerprobleme. In Marzahn gebe es Russland-Deutsche, die sich Grundstücke gekauft hätten. Man solle doch mal der Frage nachgehen, woher die das Geld hätten. Kein Thema, so scheint es mir, lässt sich so leicht emotionalisieren, wie die so genannte Innere Sicherheit. Damit gewinnt man Stimmen, vor allem bei älteren Menschen. Wenn ich mit meiner Mutter telefoniere, sagt sie oft Sätze wie: »Du musst aufpassen, im Fernsehen haben sie gebracht, dass eine Autoknackerbande ihr Unwesen treibt.«

Ich habe schon ältere Menschen sagen gehört, unter Hitler hätten sie sich sicher gefühlt. Dass es ein Widerspruch ist, sich in einem totalitären Staat sicher zu fühlen, ist ihnen nicht in den Sinn gekommen. Aber weil die Angst vor Verbrechen so groß ist, gibt es einen Innenminister namens Otto Schily. Bei einer anderen Veranstaltung bringt es ein Abgeordneter auf den Punkt. Er sagt, er hasse Schily, aber der sei immens wichtig, weil er das Thema Innere Sicherheit neutralisiere. Dank Schily kann die CDU dieses Thema nicht zu ihrem Wahlkampfthema machen. Auch das hat eine Logik: Es ist besser, die SPD greift durch, als dass es die CDU macht. Auch wenn mir nicht klar ist, worin sich die Politik von Otto Schily von der eines konservativen Günther Beckstein unterscheidet.

Die Gefahr lauert wirklich überall. Kurz vor Ende der Veranstaltung wird eine alte Frau Opfer eines Attentats. Der voll behängte Kleiderständer stürzt sich auf sie. Es passiert im Flur, außerhalb des Saals, und wird von den meisten nicht bemerkt. Die gehbehinderte Frau liegt am Boden, der Kleiderständer auf ihr und die Leibwächter von Wowereit scheinen nicht recht zu wissen, was sie tun sollen. Der eine behält den Bürgermeister im Blick und sieht dabei immer wieder zu der Frau, bis der andere sich erbarmt und ihr zögerlich wieder auf die Beine hilft.

Der Rücktritt

Es ist der 6. Februar 2004. Gerhard Schröder ist zurückgetreten, eine Eilmeldung. Für einen Moment ist da wieder dieses kurze Entsetzen, wie damals, als Oskar abhanden kam. Ich habe mich des Öfteren gefragt, wie ein Mensch es aushalten kann, sich täglich der öffentlichen Kritik auszusetzen? Was für eine Vorstellung: Man schlägt morgens die Zeitung auf und bekommt die erste Breitseite, man schaltet den Fernseher ein und sieht empörte Menschen, die einen beschimpfen, Journalisten, die einen in ihren Kommentaren für unfähig erklären. Dazu Umfragen, die besagen, dass mehr als zwei Drittel der Deutschen unzufrieden sind mit der Arbeit, die man leistet. Ich hätte längst alles hingeschmissen. Oder alle erwürgt. Oder wäre an Selbstzweifeln zugrunde gegangen.

Ich habe hin und wieder Briefe bekommen, in denen sich Leser über meine Artikel beschwerten. Mein erster Gedanke war stets: Ich will Gärtner werden und nie wieder eine Zeile schreiben. Was für eine Konstitution muss man haben, um weiterzumachen, wenn Medien und drei von vier Bürgern gegen einen sind? Träumt der Kanzler auch manchmal davon zu gärtnern?

Ich renne ins Zimmer meiner Freundin und rufe »Schröder ist weg!«

»Was?«, ruft sie, »und jetzt?«

Ich schalte den Fernseher an, auf n-tv der rote Nachrichtenticker am unteren Bildrand: »Schröder gibt Parteivorsitz ab.« Ach so, alles halb so wild. Nicht die Deutschen waren ihm zu viel, sondern nur die Genossen. »Und was hat das jetzt zu bedeuten?«, fragt meine Freundin. Meine erste Reaktion: Es war eine vernünftige Entscheidung. Ich bin keinem Genossen begegnet, der Schröder mag, im Gegensatz zu Müntefering, der scheinbar jedes Parteimitglied zum Fan hat. Es gibt tatsächlich einen Münte-Fanclub mit eigener Homepage. Wenn sich Gerd und Franz nun die Aufgaben teilen – kann es doch nur gut sein. Aber erwartungsgemäß gibt es ganz andere Reaktionen: Angela Merkel sieht das Ende von Rot-Grün nahen. Und über den Juso-Verteiler der SPD erreichen mich einige Mails. Sogar in den eigenen Reihen ist von »Notbremse« die Rede, vom »Kapitän, der das sinkende Schiff verlässt«, und davon, dass der Parteivorsitzende der SPD ein »Trümmerfeld« hinterlassen habe. Die Programmatik, die inhaltliche Linie, sei zum großen Teil aufgelöst oder durcheinander geraten und gebe niemanden mehr Orientierung. Und das »Netzwerk«, ein Zusammenschluss von 39 jüngeren SPD-Abgeordneten, die sich nicht entscheiden wollten zwischen den Linken in der Partei und dem Seeheimer Kreis, dem so genannten rechten Flügel, fordert in einer Presseerklärung: »Die Programmdebatte in der SPD muss geführt werden, um deutlich zu machen, für welche politische Zukunft die SPD steht.« Der Schlusssatz: »Es muss auch besser regiert werden.«

Für einen meiner Freunde ist dieser Freitag ein Tag zum Feiern. Er ist Genosse und arbeitet im Bundestag. Er sagt, als er gehört habe, dass auch Generalsekretär Olaf Scholz seinen Posten abgibt, seien sie im Büro allesamt vor Freude umhergehüpft. Auch Scholz kann mir bei meiner Parteikarriere nicht mehr helfen. So schnell kann das gehen – er war keine zwei Jahre im Amt.

Unsere Zukunft auf 46 Seiten

Hubertus Heil führt die Krise der SPD darauf zurück, dass der Partei das programmatische Fundament fehle. Man müsse doch erst mal seine Ziele benennen, sagt er, bevor man sich frage, wie man sie erreichen könne. Der Partei fehlten Antworten auf die Frage, wo die Reform hinführen soll. Deswegen haben sich junge Genossen eine Woche lang in der Kurt-Schumacher-Akademie in Bad Münstereifel einquartiert, um ein neues Grundsatzprogramm zu formulieren. Sie nennen es »Impulse«. Hubertus Heil, geboren 1972, kommt aus Peine und ist seit 1998 Mitglied des Bundestags. Er ist einer der Sprecher des »Netzwerks«.

Genosse Hubertus ist ein großer, fülliger Mann und tritt auf, wie ich mir den typischen jungen Politiker immer vorgestellt habe. Er trägt einen Anzug, wirkt auf den ersten Blick seriös, aber etwas glatt und ist rhetorisch sehr gewandt. Seine Hobbys verkündet er auf seiner Homepage: »Lesen, Geschichte, Theater und im Winter Skifahren. Am liebsten kocht er aber mit seiner Frau für Freunde: Putengeschnetzeltes in Champignon-Rahmsauce mit Kartoffelgratin und grünen Bohnen, dazu einen ordentlichen Rotwein oder ein Härke Pils.«

Es ist der 9. Februar 2004, und Hubertus Heil stellt die »Impulse« vor. Wir sind eine Runde von über zehn Leuten, sitzen in einem abgeteilten Raum eines Restaurants im Prenzlauer Berg. Es ist die erste Runde, in der Bier getrunken wird. Ich trinke einen Pfefferminztee, ich bin leicht erkältet. Aber ich habe nicht das Gefühl, dass es mir jemand übel nimmt.

Das Ziel sei, wieder Orientierung zu finden, sagt Hubertus. Vor allem die Jungen müssten das Programm voranbringen, gehe es doch um deren Zukunft. Unsere mögliche Zukunft hat 46 Seiten und steht unter dem Motto »Die neue SPD: Menschen stärken, Wege öffnen«. Sie wurde erarbeitet von »Sozialdemokratinnen und Sozialdemokraten der Nach-68er-Generation«, also meiner Generation. Ein Kern dieser Zukunft sei die »Chancengesellschaft«. Geschrieben steht: »Heute ist klar, dass wir tief greifende Sozialstaatsreformen brauchen, damit soziale Gerechtigkeit auch in Zukunft erreicht werden kann. (...) Der erneuerte Sozialstaat muss weiterhin ein notwendiges Maß an sozialer Sicherheit gewährleisten, vor allem aber muss er Menschen stärken und neue Chancen eröffnen. Seine Qualität bemisst sich nicht an der Masse des Geldes, das umverteilt wird. Die Qualität des Sozialstaates zeigt sich darin, ob er tatsächliche Lebenschancen für Menschen eröffnet und ihnen gesellschaftliche Teilhabe ermöglicht. Vor allem Bildung, also Wissen und Fähigkeiten, entscheiden maßgeblich über Lebenschancen und Teilhabemöglichkeiten. (...) Bildung ist die beste Versicherung gegen Arbeitslosigkeit. (...) Jeder Mensch kann und soll sich entsprechend seinen Fähigkeiten entwickeln: Das ist unser Anspruch an eine freiheitliche Gesellschaft.«

Bildung ist also das wichtigste Gut unserer zukünftigen Gesellschaft, in der auch die Eigenverantwortung mehr Bedeutung haben soll. Und in der »jede Form von menschenwürdiger Arbeit besser ist als Arbeitslosigkeit«. Diese Gesellschaft kommt mir vertraut vor, ist es doch die, auf die wir uns sowieso schon hinbewegen. Selbstvorsorge und zur Not den Park säubern.

»Wachstum und Beschäftigung sind Quelle und Bedingung sozialer Gerechtigkeit.« Diese Gesellschaft lebt also vom ökonomischen Wachstum, die soziale Gerechtigkeit, das Glück des Individuums, alles hängt davon ab. Es ist keine neue Erkenntnis, dass unsere Gesellschaft auf Wachstum ausgelegt ist, ich frage mich aber, ob es nicht jenseits dieses Glaubens vielleicht noch andere Modelle gibt? Was geschieht denn, wenn das Wachstum wie in diesen Jahren ausbleibt? Ich habe den Eindruck, dass diese Möglichkeit ausgeschlossen wird, nach dem Motto »Weil wir den Sozialstaat abbauen, wird es wieder Wachstum geben.« Und wenn nicht? Wenn es in zehn oder fünfzehn Jahren wieder zu einer Phase der Stagnation kommt? Sind wir dann alle durch Selbstvorsorge abgesichert? Es heißt, das ökonomische Problem in Deutschland sei kein konjunkturelles, sondern ein strukturelles. Heißt das aber auch, dass es keine ökonomischen Probleme mehr geben wird, wenn man die Struktur verändert?

Ein sicherer Sozialstaat müsste in meinen Augen auf dem Status quo begründet sein, weil er gerade in schlechten Zeiten gebraucht wird. Man müsste eine Lösung finden, wie er in Zeiten wie diesen aufrechtzuerhalten ist, in Zeiten, in denen es kein Wachstum gibt und keine gravierende Mehrbeschäftigung. Dann wäre man für den schlimmsten Fall gewappnet. Vielleicht entlarve ich mich mit dieser Haltung als ökonomischer Dilettant, aber ich frage mich: Ist der Sozialstaat ausschließlich vom Wachstum abhängig?

Die 46-seitige Zukunft der »Netzwerker« geht davon aus. Sie hat aber noch mehr zu bieten. Man will sich vom althergebrachtem Beamtentum verabschieden, die Vollbeschäftigung als Ziel beibehalten, nachgelagerte Studiengebühren, die nach Abschluss des Studiums und Aufnahme einer Berufstätigkeit entrichtet werden, und die Männerrollen einem erheblichen Wandel unterziehen, denn »wir sind von wirklicher Gleichstellung leider noch weit entfernt«. Die Grundvoraussetzung aller verantwortlichen Politik, so steht es im Programm, sei eine nachhaltig geschützte Umwelt.

In der Runde gibt es keine lautstarken Proteste. Auch ich stelle das Modell nicht in Frage. Dazu bin ich viel zu pragmatisch. Wem nützt der Sozialstaat in Gedanken?

Die »Netzwerker« werden mit ihrem Programm auf Deutschlandtournee gehen und es in verschiedenen Städten zur Diskussion stellen. Hubertus sagt, er freue sich über Anregungen und Kritik, wir sollten ihm jederzeit mailen. Wie das neue Programm im Detail dann aussieht, wird sich zeigen. Die Kritik an den »Impulsen« ist groß. Die Linken werfen dem Programm vor, der Partei die Geschichte zu rauben. Und für Wolfgang Thierse kommt der Freiheitsbegriff zu kurz: Ein Freiheitsbegriff, der das Individuum ins Zentrum stelle, vergesse die durch den demokratischen Staat garantierte gesellschaftliche Freiheit. In der Zeitschrift »Berliner Republik« schreibt der Bundestagspräsident: »Bislang beruht noch jede moderne Freiheitsordnung auf der Idee des Staates, der, demokratisch regiert und kontrolliert, allen Bürgern ihre Freiheit durch gleiche oder ausgleichende Rechte gewährt, wobei von Chancen immer dann erst die Rede ist, wo es dem Einzelnen überlassen bleibt, von existierenden Möglichkeiten im eigenen Interesse Gebrauch zu machen.«

Es scheint, als hätte die SPD die »Netzwerker« mit ihrem Programm ausgebremst. Müntefering hat ein neues Verfahren für die Programmdiskussion festgelegt. In der Redaktionsgruppe sind nur noch wenige »Netzwerker«, auch geht es nicht mehr um ein völlig neues Programm, die Grundlage soll das alte sein, das Berliner Programm von 1989.

Also alles beim Alten in der SPD?

Die Klatsche in Hamburg

Mit einem neuen Parteivorsitzenden soll wieder Schwung in die SPD kommen. Das erinnert mich an die Saison 1998/1999, als Werder Bremen in den Abstiegskampf geriet. Der damalige Trainer Felix Magath gab seinen Job auf, weil er die Mannschaft nicht mehr motivieren konnte. Thomas Schaaf wurde neuer Trainer, einer, der seit über 20 Jahren bei Werder war, erst als Spieler, dann als Jugend- und Amateurtrainer. Werder schaffte den Klassenerhalt, wurde sogar Pokalsieger. Und fünf Jahre später deutscher Meister. Das Blöde in der Politik ist, dass es nicht ausreicht, die eigene Mannschaft zu motivieren, um zu gewinnen. Die SPD bezieht im ersten wichtigen Spiel des neuen Jahres am 29. Februar 2004 eine Klatsche. In Hamburg gewinnt die CDU 21 Prozentpunkte dazu und erreicht in der alten SPD-Hochburg mit 47,2 Prozent die absolute Mehrheit. Die SPD verliert sechs Prozentpunkte und landet bei 30,5 Prozent. Dabei hat der Spitzenkandidat Thomas Mirow zuvor im »Vorwärts« noch gesagt: »Ich bin überzeugt, die Hamburger wollen keinen virtuellen Schönheitswettbewerb um das Bürgermeisteramt, sie wollen gute Lösungen für reale Probleme. Und davon versteht die SPD in Hamburg einfach mehr.«

Die Genossen in meinem Umfeld haben die Wahl in Hamburg schon vorher abgeschrieben. Die Niederlage ist kein Thema, bei keiner einzigen Sitzung wird sie erwähnt. Als hätte es sie nie gegeben. Auch im Fußball gilt: abhaken und nach vorne schauen. Die Hoffnungen richten sich auf die Europawahl am 13. Juni 2004.

Auch ich ignorierte die Wahl in Hamburg. Bislang hatte ich an jedem Wahlsonntag um 18 Uhr gespannt vor dem Fernseher gesessen, ob bei Landtagswahlen in Brandenburg, Hessen oder Bayern. An diesem Sonntag aber machte ich mit meiner Freundin und meinem Sohn einen Ausflug aufs Land. Abends auf dem Rückweg schaltete ich das Radio ein, um Musik zu hören, und wurde von der Meldung über den Wahlausgang überrascht. »Bist du jetzt geschockt?«, fragte meine Freundin. Nein. Wahlniederlagen für die SPD überraschen derzeit niemanden.

Mich ärgert nur, dass der CDU-Spitzenkandidat Ole von Beust für seine Politik belohnt wurde. Dass es anscheinend niemanden störte, dass er Ronald Schill in seine Regierung geholt hatte. Es hatte genügend politische Anlässe gegeben, mit Schill zu brechen, aber von Beust hielt zu ihm, trotz öffentlicher Proteste. Erst als Schill ihm ein Verhältnis mit Justizsenator Roger Kusch unterstellt hatte, ließ von Beust die Regierung platzen. Für mich heißt das: Seine persönliche Eitelkeit steht über seiner Verantwortung als Politiker.

Manchmal kommt es mir vor, als lebten wir im Zeitalter der Vergesslichkeit. Die CDU-Spendenaffäre? War da was? Vor einer gefühlten Ewigkeit. Der Skandal ist nicht einmal fünf Jahre her, aber die CDU gewinnt jede Wahl, und Wolfgang Schäuble, dessen dubiose Rolle nie wirklich geklärt wurde, war sogar als Kandidat für das Bundespräsidentenamt im Gespräch. Und Helmut Kohl? Der zieht durchs Land und wird beklatscht, als hätte er niemals illegale Spender gedeckt. Und Guido Westerwelle. Erinnert sich noch jemand an seine unwürdige Rolle, nachdem Jürgen Möllemann den Zentralrat der Juden attackiert hatte?

Vielleicht werden wir eines Tages nur noch im Moment leben, weil unser Gedächtnis zum evolutionären Überbleibsel verkümmert ist, ohne Funktion, wie der Wurmfortsatz. Mir geht es jeden Morgen beim Zeitungslesen so. Minuten später kann ich mich schon kaum noch an den Inhalt der Artikel erinnern, geschweige denn an Zahlen oder Namen. Beim Fernsehen ist es noch schlimmer. In der Regel überdauert meine Erinnerung an Meldungen in der Tagesschau nicht mal das Ende der Sendung. Und das mit 32! Manchmal mache ich mir Sorgen um mein Gedächtnis, aber glücklicherweise bin ich nicht der Einzige, dem es so ergeht. Fast alle Freunde in meinem Alter klagen über solche Symptome, und wir vermuten, dass es an der Informationsflut liegt, die uns wie keine Generation zuvor erfasst hat. In dieser Flut treibt so viel Müll, dass die Hauptaufgabe beim Konsumieren das Filtern ist: Was lasse ich an mich heran, was nicht? Ich blättere Zeitungen durch und scanne Überschriften ab, sobald das eine Fernsehprogramm mich nicht mehr interessiert, schalte ich um. Meine Aufmerksamkeit ist entsprechend gepolt: auf Häppchen. Selten gibt es ein Thema, das mich einen Tag lang beschäftigt, stattdessen schwirren mir unzählige Informationsfetzen im Kopf umher, und es fällt mir zunehmend schwer, Wichtiges von Unwichtigem zu unterscheiden. Vor allem in der Politik. Ich habe das Gefühl, Politiker nutzen jede Gelegenheit, um in die Medien zu kommen. Selbst in der Halbzeitpause eines Fußballspiels nötigt uns der Innenminister seine Analyse des Spiels auf. Muss das sein? Können die nicht mal einen Bogen um eine Kamera machen? Und warum halten Journalisten ihnen eigentlich immer ein Mikro hin?

Politikern geht es um dasselbe wie den Medien: um unsere Aufmerksamkeit. Für mich wäre weniger mehr. Ich würde wieder zuhören, wenn sie seltener das Wort ergriffen. Ich möchte keine Bilder mehr sehen vom Kanzler, der im Ganzkörperkondom durch eine Chipfabrik spaziert, oder vom bayrischen Innenminister Günther Beckstein, der wie im Pawlowschen Reflex bei jeder Bombe, die irgendwo auf der Welt explodiert, mehr Polizei fordert und schnellere Abschiebung von Ausländern.

Zum Sinnbild für diese Geltungssucht sind die so genannten politischen Talkshows geworden. Sie geben uns Zuschauern das Gefühl, am politischen Geschehen teilzuhaben, ohne dass wir uns in einer Partei anstrengen oder Angst vor frustrierenden Erlebnissen haben müssten. Mich erinnern sie längst an Kleinkunstbühnen. Die Rollen sind klar verteilt, die Besetzung ist fast immer die gleiche – und eigentlich geht es nur noch ums Spiel. Im besten Fall bekommt die Sache Event-Charakter, wenn zum Beispiel Edmund Stoiber Sabine Christiansen mit »Frau Merkel« anredet.

Oder die beiden Rededuelle zwischen Schröder und Stoiber vor der Bundestagswahl. Wir saßen zu zehnt vor dem Fernseher, mit Bier und Chips, buhten und grölten und zählten die Punkte wie beim Boxkampf. Auch in den anschließenden Fernsehkommentaren wurde weniger über den Inhalt geredet als darüber, wer warum als Sieger aus der Runde ging: wessen Anzug besser saß, wessen Mimik und Gestik besser ankamen und wer die lustigeren Pointen setzte. Wohin diese Entwicklung führen kann, hat die Gouverneurswahl in Kalifornien gezeigt: Arnie. Wenn Politiker ihre Auftritte einstudieren, wenn Imageberater ihnen die Krawatten aussuchen, wenn sie vorher genau überlegen, mit welchem Blick sie in die Kamera schauen, wenn es auf eine schlagfertige Replik ankommt, wenn Politiker also immer mehr wie Schauspieler agieren, dann darf man sich nicht wundern, wenn Menschen irgendwann echte Schauspieler wählen.

Wem, außer den Fernsehsendern, nützt die Quote, wenn man als Zuschauer am nächsten Tag schon nicht mehr weiß, um was es ging? Hamburg? War da was?

Wochen später, nachdem Werder Bremen die Meisterschaft gewonnen hat, trifft Thomas Schaaf den Bundeskanzler bei einem Abendessen im kleinen Kreis. »Schröder«, so steht es auf der Werder-Homepage, »legte großen Wert auf die Teilnahme des erfolgreichen Bremer Fußballtrainers.«

Der nächste SPD-Wahlerfolg kann nur noch eine Frage der Zeit sein …

Der Bildungsantrag

Die Gesellschaft zu verändern – das bedeutet in einer Partei, Anträge zu formulieren. Am heutigen Abend, dem 11. März 2004, soll die endgültige Fassung eines Antrags mit dem Titel »Elite für alle« beschlossen werden. Es ist eine Initiative der Jusos Nord-Ost. Zu sechst sitzen wir in der »Kiezkantine«, einer Kneipe im Prenzlauer Berg, die von einem gemeinnützigen Verein betrieben wird, dessen Ziel es ist, psychisch Kranke wieder in den Alltag zu integrieren. An zwei Donnerstagen im Monat findet hier die Versammlung der Jusos statt. »Nächstes Mal ist die Bude wieder voll«, sagt der Vorsitzende Johannes Arlt. Nächstes Mal finden Wahlen statt und die Posten werden neu besetzt.

Der Antrag soll deutlich machen, dass es auch ohne Studiengebühren geht. Es ist der Versuch, dem Juso-Landesverband eine Stoßrichtung vorzugeben, wie er sich gegen die SPD profilieren sollte. Es droht eine eher trockene Veranstaltung zu werden, das Ganze erinnert mich an den Deutschunterricht in der Schule, wenn der Lehrer das Diktat noch mal durchging. Satz für Satz liest Johannes vor: »Die Kassen sind leer. (…) Daher müssen sich die Jusos auch für alternative Finanzierung der Universitäten einsetzen. Die reine Forderung nach mehr Geld vom Staat wird nicht ausreichen, um die Lage zu verbessern, neue Geldquellen müssen erschlossen, Verschwendungssümpfe müssen trockengelegt werden. Die Verbesserung der Hochschulen darf jedoch nicht zu Lasten der Studierenden gehen, Studiengebühren lehnen wir ab. Das auch gerade vor dem Hintergrund, dass in Deutschland nur ein sehr geringer Teil der Studierenden aus einkommensschwachen Familien kommt. Irgendwelche Anmerkungen?« So mühen wir uns durch den sechsseitigen Antrag. Deutschland, so liest Johannes weiter, sei in einer globalisierten Wirtschaft nur mit einer großen Anzahl gut ausgebildeter Fachkräfte konkurrenzfähig. »Das geht so nicht«, sagt ein »Bildungsexperte« unter den Genossen. »Konkurrenz« sei ein von Stoiber und Westerwelle geprägter Begriff, er wecke automatisch Assoziationen mit konservativen Positionen. Man solle schreiben, Deutschland sei in einer globalisierten Wirtschaft nur mit einer großen Anzahl gut ausgebildeter Fachkräfte in der Lage, »sich den Aufgaben der Wissensgesellschaft zu stellen«. In der endgültigen Fassung, die zwei Wochen später den Landesdelegierten vorliegt, heißt es: »Außerdem ist uns bewusst, dass wir uns den Aufgaben der Wissensgesellschaft in einer globalisierten Wirtschaft stellen müssen.«

Wer mit Parteipolitik mühseliges Klein-Klein verbindet, der sähe sich am heutigen Abend rundum bestätigt. Es ist, als versuche man zu acht eine Hausarbeit zu verfassen, wobei einer dieser acht ganz am Ende alles in Frage stellt – und seine Einwände zum Leidwesen aller auch noch wissenschaftlich begründen kann.

Weil über jedes Wort Konsens herrschen muss, sind Anträge oft so formuliert, dass sie möglichst wenig Widerspruch auslösen, also harmlos und allgemein. »Wir wollen sehen«, sagt der Vorsitzende, »dass wir konsensfähig sind, deswegen hat unsere Position keine harten Ecken.« Auch das gehört dazu: dass man in der Wortwahl schon daran denkt, dass auch andere Verbände zustimmen sollen.

Das ganze Leben ist voller Kompromisse, das fängt Nachts im Bett an, wenn man sich zu zweit eine Decke teilt, und macht auch am nächsten Abend vor dem Fernseher nicht Halt. Mehr als dreimal die Woche Fußball schauen, darf ich nicht, weil sich meine Freundin sonst von mir trennen würde. An diese alltäglichen Kompromisse bin ich gewöhnt, mal füge ich mich einfach, mal bin ich beleidigt, manchmal setze ich mich durch, manchmal bin ich froh, nicht entscheiden zu müssen. Für eine Sache wirklich zu kämpfen, fällt mir schwer. Vielleicht weil ich nie existenzielle Konflikte habe austragen müssen. Um was ging es schon in meinem Leben? Streit mit Lehrern um Schulnoten, Streit mit den Eltern, weil ich länger wegbleiben wollte, als sie es erlaubten, Streit mit der Freundin darüber, wer den Abwasch macht – alles Dinge, von denen nicht viel abhängt. Einmal fuhr mir jemand ins Auto und die Versicherung weigerte sich, den Schaden zu übernehmen, es ging um 7000 Euro, Geld, das ich nicht hätte aus eigener Tasche zahlen können. Was also habe ich getan? Was in so einem Fall heutzutage wohl jeder macht: Ich habe einen Anwalt eingeschaltet. Einen Experten für Konflikte. Wenn es ernst wird, dann beauftragen wir Anwälte, die für uns streiten. An diesem Abend erlebe ich zum ersten Mal so etwas wie Lust an der Auseinandersetzung. Was daran liegt, dass der »Bildungsexperte« sich so penetrant einbringt. Wo längst Einigkeit herrschte, fängt er neue Diskussionen an. Ging es anfangs um eine sachliche Frage, merke ich nun, wie die Auseinandersetzung immer emotionaler wird. Es geht nicht mehr darum, ob seine Einwände überzeugend sind oder nicht, allein dass sie von ihm kommen, reicht mir, um dagegen zu sein. Jede Diskussion wird von Emotionen geleitet, von Sympathie für den einen und Antipathie für den anderen, von Eitelkeiten und Machtspielen. In der Bundespolitik wird es nicht anders sein. Nur erfährt man darüber selten etwas. Man erfährt von den Positionen, die Politiker einnehmen, aber nicht, wer wen mag, wer wem auf die Nerven geht und wie groß der Einfluss dieser Faktoren auf das Verhandlungsergebnis war. Dabei würde genau das mir die Politik verständlicher machen. Über jede Abteilungssitzung wird Protokoll geführt. Warum werden die Protokolle von Vermittlungsausschüssen der Öffentlichkeit erst zwei Wahlperioden später zugänglich gemacht? Es geht bei solchen Verhandlungen doch um die Gesellschaft, also müsste doch auch die Entscheidungsfindung transparent sein. Jedes Gespräch, das Schröder mit Lobbyisten führt, müsste als Protokoll im Internet einzusehen sein. Die Vermutung, da treffen sich Wirtschaftsvertreter mit dem Kanzler, kungeln etwas aus, ohne dass die Öffentlichkeit davon erfährt, löst das Gefühl von Ohnmacht aus. Zumal man bezweifeln muss, dass solche Lobbyisten das Wohl des Landes im Auge haben. Ein ehemaliger Politiker, der mittlerweile als einer der einflussreichsten Lobbyisten gilt, sagte, er habe nie so viel gestalten können wie seit seiner Tätigkeit als Lobbyist. Und auf meine Frage, ob er dabei an die Gesellschaft denke, antwortete er: »In erster Linie denke ich an den Kunden.« Und zu denen gehören die Reichen, die Unternehmer, die sich Lobbyisten mit einem Tageshonorar von mehr als 3000 Euro leisten können.

Ein Freund von mir hat sich vor kurzem an einer Bürgerinitiative beteiligt, die eine Aldi-Filiale im Viertel verhindern wollte, weil dafür extra eine Zufahrtsstraße und Parkplätze gebaut werden sollten. Es war das erste Mal, dass er politisch aktiv wurde. Die Machtlosigkeit wurde ihm in den Moment bewusst, als er den zuständigen Bezirksstadtrat für Stadtentwicklung zur Versammlung kommen sah, lachend, mit einem Aldi-Prokuristen an seiner Seite. Die Aldi-Filiale wurde gebaut.

Politik ist: das Organisieren von Mehrheiten. Wichtiger wäre es, verfolgen zu können, wie sie organisiert werden, weil man dann mehr über die wirklichen Motive erführe.

Im Protokoll dieser Sitzung würde stehen: Nach anfänglichem Widerstand gibt Genosse Nicol auf. Von ihm ist nichts mehr zu hören.

Nach zwei Stunden nämlich habe ich den Punkt erreicht, an dem mir alles egal ist, ich denke, macht doch, was ihr wollt, ich will nach Hause. Ich frage mich, wie es Menschen schaffen, eine Woche lang jede Nacht zu verhandeln – vielleicht bekommt man diese Kondition und diesen Biss durch jahrelange Parteiarbeit. Ein Genosse sagt, es handele sich um eine Art »sportlichen Wettkampf«.

Ich nehme ein Taxi nach Hause. Ich sähe so fertig aus, sagt der Fahrer, was ich getan hätte? »Ich war bei der SPD«, sage ich. Er schaut in den Rückspiegel. »Schröder muss weitermachen, ihr seid besser als die CDU«, bricht es aus ihm hervor. Was? Ich glaube, ich höre nicht richtig. Es ist die erste Aufmunterung, seit ich Genosse bin. Sonst schimpfen sie alle über die SPD: meine Eltern, meine Freundin, meine Freunde, und auch viele meiner Genossen haben längst aufgegeben, irgendwen überzeugen zu wollen. Die meisten fürchten sich sogar vor dem Wahlkampf, weil sie glauben, am Stand die Wut der Bürger abzubekommen. Aber Lob? Ich bin sprachlos. »Die Deutschen«, sagt der Taxifahrer, »sind verwöhnt.

Jede Ritze am Arm ist wie eine große Wunde. Dieses ewige Jammern! Ich verstehe das nicht, den Deutschen geht es doch gut. Die sollten mal in der Türkei leben.« Er selbst ist Türke. Seit 17 Jahren in Deutschland.

»Seid mutig«, sagt er, als ich aussteige.

Als ich am nächsten Morgen meiner Freundin von dem Antrag erzähle, fragt sie: »Warum bist du eigentlich gegen Studiengebühren?« Ehrlich gesagt, ich weiß es nicht genau. Ich habe dem Antrag zugestimmt, weil ich mich zu spät in die Diskussion eingeschaltet habe und am Ende nicht alles in Frage stellen wollte. Es hätte einen Riesenzoff mit dem »Bildungsexperten« gegeben, und dafür wäre ich nicht gut genug gerüstet gewesen.

»Seit 1970 sind die Ausgaben für Bildung von sechs Prozent des Bruttoinlandprodukts auf 4,7 Prozent im Jahr 2001 zurückgegangen«, lese ich meiner Freundin aus dem Antrag vor, »gleichzeitig ist die Zahl der Studierenden um 73 Prozent gestiegen. Es muss mehr für Bildung getan werden. Und das ist die Aufgabe des Staates und nicht der Studenten.« Ich schaue meine Freundin an und sage: »Die Einführung von Studiengebühren hat in den meisten Ländern zu einem dramatischen Absinken der Studentenzahlen geführt.«

»Findest du es gerecht, dass wir für die Kita zahlen müssen, Studenten aber nicht für die Uni?«

Was für eine Frage! Zwei Jahre haben wir auf einen Platz in der Kita gewartet. Im dritten Monat der Schwangerschaft haben wir uns auf einer Warteliste eingetragen und waren Nummer 178. Es ist eine schöne Kita mit Garten und Spielplatz, sehr beliebt in unserem Viertel. Wir haben in jeder Kita unseres Viertels vorgesprochen und bekamen immer die gleiche Antwort: »Kommen Sie in ein bis zwei Jahren wieder.« Als unser Sohn ein Jahr alt wurde, sind wir wöchentlich zur Leiterin unser Wunsch-Kita gegangen und haben förmlich gebettelt, bis sie eines Tages sehr überraschend sagte, sie habe nun einen Platz. Es war wie Weihnachten, und meine Freundin dachte, ich mache einen Scherz, als ich ihr davon erzählte. Es ist eine staatliche Kita, und so schön sie ist, so sehr ist sie auch ein Beispiel dafür, wie wichtig dem Staat seine Kinder wirklich sind: Weil 50 Euro für neue Betten fehlten, schliefen die Kinder auf durchgelegenen Matratzen. Und Windeln müssen die Eltern selbst mitbringen, auch hier wird Eigenverantwortung gefordert. Eine Mutter hat bei »e-bay« Reisebetten erstanden, andere helfen beim Reparieren von Spielzeug. Dagegen ist an sich nichts einzuwenden, aber behandelt man als Staat so seine Zukunft?

Es fällt mir schwer, zu erklären, weshalb wir für unseren Sohn Kita-Gebühren zahlen und Studenten umsonst studieren. Vor allem weil es wissenschaftlich erwiesen ist, dass die ersten beiden Lebensjahre für das Lernverhalten eines Menschen prägend sind.

»Es sollte nicht darum gehen, Studiengebühren einzuführen«, sage ich, »es sollte darum gehen, die Kita-Gebühren abzuschaffen.«

»Reich doch mal einen Antrag gegen Kita-Gebühren ein«, sagt meine Freundin.

Vor kurzem erst wurden in Berlin – gegen viele Proteste – die Kita-Gebühren für Besserverdienende erhöht. Wie groß werden da wohl die Chancen eines solchen Antrags sein? Aber auch damit müssen Politiker leben: dass sie ständig tolle Ratschläge oder Beschwerden bekommen. Ein ehemaliger Wirtschaftsminister aus Nordrhein-Westfalen, mit dem ich mich nach einer Diskussionsveranstaltung unterhielt, erzählte, dass er auch sonntags im Restaurant keine Ruhe gehabt habe. Sobald man ihn erkannt habe, seien Menschen an seinen Tisch gekommen, um sich über alles Mögliche zu beschweren: dass die Ampel in ihrer Siedlung nicht funktioniere oder sie zu viel Steuern zahlten. »Du kannst ihnen nicht sagen, dass du jetzt Wochenende hast und sie sich bitte wochentags an dein Büro wenden sollen, dann heißt es: Du bist arrogant und hast kein offenes Ohr für die Menschen.«

»Ich werde mich darum kümmern«, sage ich und schmiere mir ein Brot. Nächste Woche schon wird sie es vergessen haben – und ich auch.

Ran an die Schumacher-Brüder!

Die Erste Ordentliche Landesdelegiertenkonferenz der Jusos, auf der auch über unseren Antrag entschieden wird, findet zwei Wochen später statt. Sie beginnt um 10 Uhr und wird bis zum späten Nachmittag dauern. 75 Delegierte aus allen Berliner Kreisverbänden treffen sich im Saal des Bezirksamts Wedding. Ein Rednerpult ist aufgebaut, davor und daneben Tischreihen. Zu Beginn wird das Lied »Brüder zur Sonne, zur Freiheit« gesungen: »Brüder, in eins nun die Hände, Brüder das Sterben verlacht: Ewig der Sklav'rei ein Ende, Heilig die letzte Schlacht!« Zum Abschluss der Konferenz singen wir die »Internationale«. Ich kann mich nicht erinnern, wann ich das letzte Mal außerhalb der Dusche gesungen habe. Wahrscheinlich auf Klassenfahrt.

Später regt ein Genosse an, doch mal über die Lieder nachzudenken – Jusos, die fast ausschließlich Akademiker seien, hätten doch mit Arbeiterliedern nichts mehr zu tun.

Sechs Anträge stehen heute auf der Tagesordnung: »Mentalitätswechsel herbeiführen – Für Eine Welt kämpfen«, »Politik braucht Perspektive!«, »Elite für Alle! Von der Mär des Allheilmittels Studiengebühren«, »Austrocknung von Steueroasen durch Besteuerung nach Staatsbürgerschaft«, »Wir blieben zu Hause« und »Über die Notwendigkeit des Feminismus bei den Jusos«. Die Konferenz ist ähnlich ritualisiert wie ein Landesparteitag, nur dass die Beschlüsse die SPD in keiner Weise binden: Einer tritt ans Rednerpult, stellt seinen Antrag vor, andere reden dafür oder dagegen, und am Ende kommt es zur Abstimmung. Währenddessen sitzen einige Delegierte gelangweilt auf ihren Stühlen, andere unterhalten sich oder verlassen den Saal. Unterbrochen wird der Ablauf lediglich von der Aufforderung des Sitzungsleiters an die Frauen, sich doch bitte stärker an der Diskussion zu beteiligen. Sie stellen 20 Prozent der Delegierten, aber wesentlich weniger Rednerinnen. Haben drei Männer in Folge geredet, müsste eine Frau das Wort ergreifen, meldet sich keine, so muss darüber abgestimmt werden, ob die Debatte weitergeführt werden soll oder nicht. Diese Prozedur wiederholt sich diverse Male.

Auf mich wirkt das wie ein Relikt aus einer anderen Zeit. Nicht weil ich denke, die Gleichberechtigung sei längst erstritten, sondern weil ich die Frauen meines Alters und vor allem die noch jüngeren sonst als äußerst selbstbewusst erlebe. Das war schon zu Schulzeiten so. Es gab keinen Bereich, in dem wir Jungs den Mädchen überlegen waren. Ich kannte Mädchen, die konnten weiter springen, die waren stärker und besser in Mathe und Physik. Ich kenne Frauen, die hätten schon längst rückwärts eingeparkt, während ich noch den Gang suchte. Diese Frauen lassen sich von Männern nichts bieten, meine Freundin zeigt mir den Vogel, wenn ich sage, sie solle den Tisch abräumen. Das Bild von der selbständigen, selbstbewussten und emanzipierten Frau hat mich geprägt. Und es kommt mir seltsam vor, wenn man sie erst auffordern muss, zu sprechen. Die Frauen, die ich kenne, würden aufstehen, wenn ihnen etwas nicht passt, und es sagen – und wenn sie es nicht tun, dann wollen sie auch nichts sagen.

Übrigens bin ich kein Gegner der Quote, wie sie in der SPD herrscht, wonach alle Ämter zu mindestens 40 Prozent mit Frauen besetzt werden müssen. Für die Karriere einer

Frau ist diese Regelung oft die einzige Chance. Denn wenn es um Macht geht, halten Männer zusammen, viele empfinden eine Frau als »störendes Element«.

Auch wenn die Quote auf den Landesdelegiertenkonferenzen manchmal zu absurden Situationen führt. Da müssen die Kreisverbände, die nicht quotiert anwesend sind, sich rechtfertigen, warum zu wenig Frauen da seien. Die Begründungen lauten: »Wir haben einfach zu wenige« oder »Sie konnten heute nicht.«

Die Erste Ordentliche Landesdelegiertenkonferenz verläuft auffallend harmonisch, keine Zwischenrufe, keine Beleidigungen. Was mich überrascht, denn ich habe noch immer die Bilder von Juso-Konferenzen aus den 70er Jahre im Kopf. Damals attackierte man sich heftig und zerrte sich auch schon mal gegenseitig vom Rednerpult weg. Ich erfahre, dass es bei der Antimilitarismus-Konferenz so hoch herging, dass man anschließend beschloss, das müsse anders werden. Harmonischer.

Hier bei den Jusos hat jeder ein Rederecht, auch Gäste. Ich könnte also ans Pult treten und reden. Was mich allerdings große Überwindung kosten würde. Es gehört Mut dazu, aber nirgendwo könnte man das Reden und Argumentieren vor Publikum besser lernen. Andere geben viel Geld für Seminare zu selbstbewusstem Auftreten aus.

Fast einstimmig wird an diesem Tag beschlossen, »deutsche Staatsbürger unabhängig von ihrem Wohnort zu besteuern«. Im Antrag steht: »Es ist nicht hinnehmbar, die Sozialleistungen zu kürzen, Studierenden Studiengebühren aufzubürden und Renten zu senken, während Einkommensmillionäre die steuerfinanzierte Infrastruktur ausnutzen, um Reichtum anzuhäufen, sich jedoch weigern zum Gemeinwesen beizutragen.« Gemeint sind Menschen wie Michael und Ralf Schumacher, Franz Beckenbauer oder Alois Müller, der Chef von Müller-Milch. Allein die Schumacher-Brüder, so wird kolportiert, sparten durch ihre Steuerflucht so viel Geld, wie die Berliner Hochschulen einsparen müssen. Also ran an die Schumachers! Auch Finanzminister Hans Eichel scheint kein großer Freund der Schumachers zu sein. Auf einer Veranstaltung sagt er: »Wieso halten wir einen Teil unserer Steuerflüchtlinge für Nationalhelden?«

Als Nächstes steht unser Bildungsantrag zur Abstimmung. Es wurden 37 Änderungsanträge gestellt. Die meisten Kritiker sind mit bestimmten Formulierungen nicht einverstanden und schlagen andere vor. Die Änderungen wurden größtenteils schon vor der Konferenz übernommen, denn die Anträge wurden vorab an die Delegierten verschickt. Unser Antrag wird, nachdem einige Redner ihren Standpunkt verkündet haben, angenommen. Das heißt: Er wird weitergereicht an den Bundeskongress.

Jeder Antrag kann weitergereicht werden: an die Bundestagsfraktion, an einzelne Minister, an den Parteivorstand. Darüber entscheidet der Kongress. Allerdings entscheidet vorher eine Kommission, welche der weitergereichten Anträge wirklich zur Vorlage kommen. Gut möglich, dass unser Antrag über die Kommission nicht hinauskommt. Und dafür die ganze Arbeit? Es ist wie mit den Hausarbeiten während des Studiums. Man sitzt wochenlang daran, damit der Professor eine Note darunter setzt, und dann verschwindet sie für immer unter einem Papierberg. Was bleibt? Man hat etwas gelernt.

Der eisige Gerd

In meiner Straße gibt es ein italienisches Restaurant, in das gelegentlich Joschka Fischer oder auch Gerhard Schröder einkehren. Dann parken schwarze Limousinen in zweiter Reihe, und im Restaurant herrscht eine unterdrückte Aufmerksamkeit. Eine seltsame Atmosphäre, sagt meine Freundin, die Fischer dort einmal erlebt hat. Jeder Gast habe Fischer bemerkt, und doch sei jeder bemüht gewesen, sich nichts anmerken zu lassen. Alles sei einen Tick angestrengter gewesen, die Unterhaltungen etwas lauter, die Gesten etwas übertriebener – und die Frauen hätten sich etwas häufiger Haarsträhnen zurechtgezupft. Ein Genosse erzählte mir, dass er nie so viel Interesse bei Frauen geweckt habe wie in seinen Jahren als Juso-Vorsitzender. Die Aura der Macht. Wenn die schon bei einem Juso-Vorsitzenden zu spüren ist, wie wirkt sie dann erst beim mächtigsten Mann Deutschlands? Am Abend des 20. März 2004 spüre ich diese Aura zum ersten Mal. Sie fühlt sich an, als stünde man vor einem offenen Kühlschrank.

Es ist der Abend vor dem Sonderparteitag in Berlin, auf dem Gerhard Schröder sein Amt als Parteivorsitzender abgeben wird. Die SPD hat zu einem »Parteiabend« geladen. Die jungen Wahlkampf-Teams durften 50 Leute einladen, einer davon bin ich.

Ich dachte, beim Parteiabend wären wir Genossen unter uns, aber im Foyer, wo die Party steigt, drängen sich die Fernsehteams und einige hundert Gäste zwischen den Bistro-Tischen. Das Büffet hat die Deutsche Bahn gesponsort, darauf weist ein Schildchen auf dem Tisch hin. Außerdem ist die Bahn mit einem Infostand vertreten. Auf der einen Seite des Foyers ist eine kleine Bühne, auf der später eine südamerikanische Band spielen wird und auf der gleich zu Beginn die beiden Hauptpersonen eine Ansprache halten: Franz und Gerd.

Ich stehe am rechten Bühnenrand, drei Meter von Gerd entfernt. Dass der Kanzler kleiner ist, als er im Fernsehen wirkt, hatte ich schon gehört, was mir aber niemand gesagt hat: dass er in seiner Haltung Napoleon ähnelt. Den Unterkiefer etwas vorgeschoben, steht er im Scheinwerferlicht, das ihm etwas Wächsernes gibt, wie eine Figur aus Madame Tussauds Kabinett. Er lacht kurz, erstarrt dann wieder in dieser Pose. Die beiden halten Abstand zueinander, nur einmal legt Gerd seinen Arm um Franz, was am nächsten Tag in den Zeitungen als bedeutende Geste gewertet wird. Vor allem weil Franz diese Geste so regungslos erträgt. Er sagt, er wolle keine Gefühlsduselei. Und dass er ein »sturer Sack« sei.

Nach ihrem kurzen Auftritt gehen beide von der Bühne, die Leibwächter eilen voraus, bahnen einen kleinen Korridor durch die Gäste. Franz bleibt am ersten Tisch stehen, steckt sich ein Zigarillo an, sofort wird er von einigen älteren Genossen umringt. Die ganze Zeit wird gefilmt und fotografiert. Franz blickt seine Gesprächspartner nicht an, sondern immer etwas an ihnen vorbei, als wäre er mit den Gedanken längst weiter. Nachdem sich der Pulk der Kamerateams entfernt hat, tippt ihm eine Reporterin von »n-tv« von hinten an die Schulter, sagt: »Herr Müntefering.« Er dreht sich um, die Kamera läuft schon, der Scheinwerfer strahlt ihm ins Gesicht. Sie fragt ihn nach seiner Schuhgröße, weil er doch jetzt in die Fußstapfen Willy Brandts steige. Franz spult seine Antworten ab. Es scheint, als habe er Textbausteine für jede Gelegenheit parat, aus denen er seine Antworten bastelt. Anders ginge es wohl auch kaum.

Als die Reporterin weg ist, steht Franz für einen Moment allein da, und ich nutze die Gelegenheit. »Hallo, Herr Müntefering«, sage ich, »ich bin neu in der Partei und möchte Ihnen viel Glück wünschen.« Er schaut mich kurz an, dann sagt er: »Aus welchem Ortsverein bist du?« Ich hätte ihn duzen sollen! Für mich als Genossen ist der Franz doch der Franz und nicht der Herr Müntefering! Aber Franz scheint mir meine Distinguiertheit nicht übel zu nehmen. Er fragt mich, ob ich morgen zum Parteitag käme. Ja, sage ich, und dass es mein erster sei. Ob er sich noch an seinen ersten erinnere? Er habe schon so viele erlebt, sagt er, dass er sich nicht erinnern könne. Aber 1975, da habe es einen Parteitag in Mannheim gegeben, bei dem es hoch hergegangen sei. Damals sei Willy Brandt mit dem spanischen Genossen Felipe González aufgetaucht. Aber das sei 30 Jahre her. Für einen kurzen Moment wirkt er fast ein wenig nostalgisch. Ich weiß nicht, was ich antworten soll. Sage schließlich: »Dann muss ich wohl auch dreißig Jahre dabei bleiben«. »Wär' schön«, sagt er und wendet sich wieder anderen Genossen zu.

Unser Gespräch hat nicht länger als eine Minute gedauert und Franz (!) hat seine Begeisterung, mit mir reden zu dürfen, gut unter Kontrolle gehalten. Was ich ihm nicht übel nehme. Wäre mir auch so gegangen an seiner Stelle, wenn mich ein Typ in solch ein 0815-Gespräch verwickelt hätte.

Den Rest des Abends stehe ich herum und beobachte. Und mir wird klar, warum die Genossen den Franz lieber mögen als den Gerd. Der Franz ist einer von ihnen. Mit Franz kann man reden, er ist für alle da, bleibt bei fast jedem kurz stehen, legt einigen die Hand auf die Schulter, auch wenn ihm diese Geste bei Gerd noch als Gefühlsduselei vorgekommen wäre.

Der steht etwas abseits an einem Tisch, neben ihm seine Frau Doris sowie Heide Simonis und Olaf Scholz. Leibwächter schirmen das Grüppchen ab, der Kanzler wirkt unnahbar. Nie hätte ich mich getraut, ihn anzusprechen. Vor allem nicht nach dem, was ich zufällig beobachte. Ein Mädchen, vielleicht 16, nähert sich dem Tisch, steht etwas unsicher vor dem Kanzler, fragt ihn etwas. Und wie reagiert der Kanzler auf die verlegene junge Frau? Lächelt er sie an und fragt, was sie auf dem Herzen hat? Gibt er eine Cola aus und nimmt sich etwas Zeit? Macht er vielleicht einen Witz und heitert sie auf? Nein! Er schüttelt nur kurz den Kopf, als hätte sie ihn um einen Euro angehauen. Das Mädchen ist sichtbar geschockt und verzieht sich. Doris greift ein und schickt Gerds Büroleiter hinterher. Der redet eine Weile mit dem Mädchen, dann darf es sich doch noch zusammen mit dem Kanzler fotografieren lassen. Das gemeinsame Posieren dauert keine Sekunde. Anschließend frage ich das Mädchen, was los gewesen sei. »Ein Missverständnis«, sagt es.

Ich kann es nicht fassen: Es war doch mal der »Spaßkanzler«, von dem ich dachte, man könnte mit ihm jederzeit eine Currywurst essen gehen und sich über Frauen oder Fußball unterhalten. Natürlich nervt es, wenn jeder etwas von einem möchte, aber bei Wahlkampfauftritten nutzt er doch auch jede Gelegenheit, Hände zu schütteln.

Als Gerd kurz darauf an mir vorbeigeht, sagt er mit einem kurzen Nicken: »Hallo«, so cool und unbeteiligt. Es klingt nach »Wir sehen uns noch.« Aber im Sinne von Don Corleone. Die Einzigen, mit denen er sich noch unterhält, sind ein paar prominente Fernsehjournalisten von ARD und ZDF. Dann verlässt er die Party.

Später erzähle ich einer Genossin, die den Kanzler schon mal im kleinen Kreis erlebt hat, von meinem Erlebnis. Dass ich fast Angst vor dem Kanzler bekommen hätte, sage ich. Sie sieht mich an, als hätte ich ihr gerade von meinem Waschlappen erzählt. Sie sagt: »Wieso? Der Gerd war doch heute super gelaunt.«

Mein erster Parteitag

Am nächsten Morgen laufen mir Gerd und Franz gleich wieder über den Weg. Ohne mich zu grüßen, ziehen sie festen Schritts an mir vorbei, vorneweg ein Kameramann, eine tosende Menge als Kulisse. Im »Estrel Convention Center« in Neukölln findet der außerordentliche Parteitag statt. Es ist der 21. März 2004, Schröders letzter Tag als Parteivorsitzender. Das »Estrel Convention Center« ist ein gigantisches Hotel mit einem Foyer, so groß wie eine Bahnhofshalle, und einem Saal, in dem mehrere Tausend Menschen Platz finden. An diesem Sonntagvormittag herrscht hier ein Betrieb wie auf der Frankfurter Buchmesse. Eine Bühne wurde aufgebaut, darauf Plätze für die Regierungs- und Präsidiumsmitglieder der SPD, dahinter eine große Leinwand, auf der die Redner in Großaufnahme zu sehen sein werden. Dort oben werden sie alle sitzen: Schröder, Münte, Thierse, Schily.

Draußen im Foyer sind Essensstände aufgebaut. Diverse Fernseher übertragen die Reden aus der Halle. An einem Stand liegen gratis Zeitungen aus, und Audi präsentiert den neuen Quattro A6. Einige Genossen stehen um das Auto herum, streichen über die Motorhaube, lassen sich die technischen Details erläutern – und sitzen Probe, während die Reden über die Bildschirme flimmern.

Ich habe mich daran gewöhnt, dass jeder noch so unbekannte Sportler, der als Gast im Sportstudio auftritt, Firmenlogos am Hemdkragen trägt, dass nahezu jede Fernsehsendung von irgendwem gesponsort wird, aber Parteitage? Wahrscheinlich muss man es dem Kanzler hoch anrechnen, dass er sich noch keine Firmenlogos auf den Anzug hat nähen lassen.

Ich stehe an einem der Seiteneingänge, als Leibwächter ein Spalier bilden und Franz und Gerd die Halle betreten. Ihr Einmarsch ist auf der Leinwand zu sehen. Beifall. Franz und Gerd schreiten direkt durch die Mitte der Delegierten, was auf der Leinwand aussieht wie ein Bad in der Menge. Die Delegierten erheben sich. Fotografen, Journalisten, klatschende Menschen. Was zählt, ist die Außenwirkung. Ich habe als Einziger nicht geklatscht, als die beiden vorbeigingen. Und fühle mich wie ein Spielverderber. Wenn von geschlossenen Reihen die Rede ist, vom Kämpfen, vom Signal des Neuanfangs, dann darf da nicht einer stehen, der nicht klatscht. Wie wirkt denn das im Fernsehen! »Schau mal«, wird so mancher Zuschauer sagen, »die schaffen es nicht mal, die eigenen Leute zu überzeugen.« Ich werde das mit dem Klatschen schon noch lernen. So wie die vielen jungen Wahlkampfhelfer, die im blauen T-Shirt für Franz und Gerd Spalier stehen. Sie klatschen automatisch, wie mir scheint. Das war auch am Vorabend im Willy-Brandt-Haus so. Eine junge Frau betrat das Foyer, das Handy am Ohr, und klatschte, während sie telefonierte. Von der Rede konnte sie nichts gehört haben. Aber das »Wir« geht ihnen wie selbstverständlich über die Lippen. Wir, die SPD. Ich habe mich auch nach fünf Monaten noch nicht daran gewöhnt.

Die erste Rede hält Heidemarie Wieczorek-Zeul, die Entwicklungshilfeministerin. »Uns weht der Wind ins Gesicht«, sagt sie. Und: »Wir danken dir, Gerd.« Gerd habe uns zweimal zur stärksten Partei gemacht und das Nein zum Irakkrieg durchgehalten. Sie fordert uns auf, die Menschen daran zu erinnern. Mit Merkel wären wir im Krieg. Darauf könnte man wirklich öfter hinweisen: Denn das ist vielleicht der entscheidende Unterschied zwischen CDU und SPD, für den ich auch sehr dankbar bin.

Anschließend gratuliert Matthias Platzeck, Ministerpräsident von Brandenburg, einigen Geburtstagskindern, er bittet sie auf die Bühne, wo sie Blumen bekommen. Und dann spricht der Kanzler. Seine letzte Rede als Parteivorsitzender. Auf diesen Moment haben alle gewartet. Dass die Rede sehr emotional gewesen sei, wird die Presse schreiben. »Ja«, sagt er, »ich kann sagen – ich möchte, dass ihr das wisst –, ich war stolz darauf, Vorsitzender dieser großen, ältesten demokratischen Partei Deutschlands sein zu dürfen.« Er sagt, es falle ihm nicht leicht, das Amt abzugeben, und er dankt seiner Frau Doris, die weint. Auch der Kanzler hat Tränen in den Augen, was auf der Leinwand groß gezeigt wird. Und die Frage unter Journalisten und Beobachtern wird sein: Waren das echte Tränen oder nur Show?

Ich finde, es sagt viel über diesen Mann aus, dass man ihm nicht mal in solch einem Moment echte Tränen zutraut.

Den größten Beifall erhält Schröder, als er sagt, soziale Gerechtigkeit habe mit den Chancen unserer Kinder und deren Kinder zu tun. Und dass er nicht wolle, dass die Kinder später sagten: »Ihr habt nur an euch und die Gegenwart gedacht. Ihr habt aufgezehrt, wovon wir leben wollten.« Er sagt auch: »Wir können es uns nicht leisten, eine einzige Ressource in unserer Gesellschaft ungenutzt zu lassen.« Es ist offensichtlich: Die SPD hat die kommenden Generationen für sich entdeckt. Es wird mit der Zukunft argumentiert. Eichel tut es, Schröder und auch der neue Generalsekretär Benneter, der als Gast bei

Christiansen um Verständnis bei den Rentnern wirbt. Dass sie weniger Geld bekämen, damit die Zukunft ihrer Enkel gesichert sei. Welcher Opa würde das nicht verstehen?

Schröders letzte Worte sind: »Vielen Dank. Ich höre auf.« Danach steht er auf der Bühne und lässt sich vom Beifall umspülen, minutenlang, die Delegierten sind erneut aufgestanden, die Präsidiumsmitglieder auch – das Klatschen nimmt kein Ende. Einen derartigen Applaus habe ich bisher nur einmal erlebt, in der Berliner Philharmonie, als Maurizio Pollini einen Chopin-Abend beendete.

Gerd ist fertig, und die Genossen strömen aus der Halle, den Wurstständen entgegen. Für die Aussprache interessiert sich kaum jemand. Die Halle füllt sich erst wieder, als Franz ans Pult tritt. Seine Rede kommt mir bekannt vor, er verwendet die gleichen Formulierungen wie am Abend im Abgeordnetenhaus. Dass die demografische Entwicklung keine Krankheit sei, sondern gut, wir würden älter. Dass der Staat weder Geld im Keller noch auf dem Dachboden habe, das man holen könne, dass Wirtschaftswachstum keine Selbstverständlichkeit sei. Und dass Opposition Mist sei: »Lasst das die anderen machen. Wir wollen regieren.«

Er fordert eine Debatte in der Gesellschaft über die Frage: Wohin soll die Reise gehen? Er will keine ruhige Partei, sondern eine, die ihre Streitkultur pflege. Er sagt: Was wir in Köpfe und Herzen der Jungen investierten, sei entscheidend für die Zukunft dieses Landes. Dass kein junger Mann und keine junge Frau von der Schulbank in die Arbeitslosigkeit sollten. Und dann bedankt er sich noch bei allen Vereinen und Initiativen. Die Sportvereine, sagt er, täten mehr für die jungen Menschen als wir in der Politik.

Dann stellt er als leuchtendes Vorbild einen jungen Ortsvereinsvorsitzenden vor. Der habe es geschafft, in seinem Ortsverein die Zahl der Mitglieder in kurzer Zeit von 90 auf 110 zu erhöhen.

Am Schluss heißt er 100 neue Mitglieder willkommen. Er sagt: »Gewöhnt euch das Du an, gewöhnt euch an Genosse und Genossin. Und wundert euch nicht: Bei uns ist alles möglich.« Und dann erzählt er noch von einem Parteitag, auf dem er 1975 war. Damals waren Brandt und González … Vermutlich ist auch diese Anekdote nur ein Textbaustein. Und ich hatte wirklich geglaubt, sie sei ihm gestern während unseres kurzen Gesprächs spontan eingefallen. Er hatte doch so nostalgisch und verklärt geguckt!

Später wird Franz mit 95,1 Prozent der Stimmen zum neuen Parteivorsitzenden gewählt.

Was noch passiert? Der neue Generalsekretär Klaus Uwe Benneter kündigt an, die Programmdebatte voranzutreiben. Im nächsten Jahr soll dann ein Parteitag das neue Grundsatzprogramm beschließen. Und: Zwei Anträge werden beschlossen. Der eine gibt Werte und Ziele für das Land vor. Der andere beschreibt die Rolle und Aufgaben der SPD für die kommenden Jahre. Beschlossen wurde unter anderem, dass wir unser Land und seine Stärken nicht zerreden dürfen. Dass wir bei Wohlstand wieder Spitze in Europa werden, bei der Bildung sogar an die Weltspitze kommen wollen. Dass die Frauenerwerbsquote auf 60 Prozent erhöht werden soll. Und Deutschland soll das kinderfreundlichste Land Europas werden.

Als ich das Hotel verlasse, schlägt mir ein heftiger Wind entgegen. Sturmböen fegen durch die Stadt.

Heidemarie hatte Recht.

Auf der Straße ist wenig los. Es ist Sonntag. Einige Jugendliche warten an einer Bushaltestelle. Bis auf einige Döner-Buden sind die Geschäfte geschlossen. Wahrscheinlich wissen die Menschen gar nicht, dass einen Kilometer weiter über ihre Zukunft entschieden wurde. Es ist ein seltsames Gefühl, eben noch der stürmische Applaus, der Amtswechsel, die Aufbruchstimmung, die Inszenierung, aber wenige Schritte weiter ist davon nichts mehr zu spüren. Als wäre ich aus einem Filmstudio getreten. Auf einmal kommt es mir vor, als gäbe es zwei Wirklichkeiten. Und es dauert eine Weile, bis ich wieder weiß, was echt ist und was nicht.

Begegnung: Johannes Arlt

Johannes Arlt ist 19 und Juso-Vorsitzender des Kreises Nord-Ost, des zweitgrößten Verbandes in Berlin. Noch. In einer Woche wird wieder gewählt, aber er tritt nicht wieder an. Es werde nicht leicht für ihn, sagt er, nach zwei Jahren das Amt aufzugeben, dem er ehrenamtlich 30 Stunden in der Woche widmet. Eine Zeit lang ging er morgens in die Schule, nachmittags machte er Parteiarbeit und von 22 Uhr bis 6 Uhr schob er Nachtschicht bei einer Tankstelle. Bis er eines Vormittags im Biounterricht einschlief – da war ihm klar, dass es so nicht weitergehen konnte.

Johannes gibt sein Amt auf, weil er für zwei Jahre nach München zieht. Er wird eine Offiziersschule der Bundeswehr besuchen. Juso und Bundeswehr, denke ich sofort, das passt nicht. Auch im tendenziell linken Landesverband der Berliner Jusos hatte Johannes Probleme: Während die Jusos gegen die Vereidigung protestierten, legte er sein Gelöbnis ab. Johannes hat versucht, ihnen zu erklären, weshalb er sich für die Bundeswehr entschieden hat: Die Bundeswehr sei eine demokratische Institution, die zum Funktionieren der Verfassung beitrage. Er selbst übernehme gern Führungsverantwortung, und dafür biete ihm die Perspektive als Reserveoffizier gute Möglichkeiten. Auf mich wirkt Johannes nicht wie jemand, der andere zusammenstaucht, weil sie ihre Hemden nicht ordentlich gefaltet haben. Ich nehme ihn in den Juso-Kreissitzungen als eher stillen Menschen wahr. Aber offenbar kann er durchaus autoritär sein. Johannes selbst sieht sich als »laut«, als jemand, der gern »übers Ziel hinausschießt«. Im Landesverband ist er als Wadenbeißer verschrien.

Wir sitzen im »Starbucks« am Hackeschen Markt, weil Johannes nicht weit entfernt in einer WG wohnt. Es war nicht leicht, einen Termin zu finden, sein Planer ist voll. Das gehört dazu, wenn man jung ist und Ambitionen in der Partei hat. Sonntagnachmittag passte es ihm dann am besten, zwischen zwei anderen Verabredungen.

Im Sommer 2000 trat er mit 16 in die SPD ein, nachdem er ein Praktikum in der SPD-Bundestagsfraktion gemacht hatte. Der Grund, weshalb er Mitglied wurde, ist so einfach wie überzeugend. Er sagt: »Ich kann mich nicht beschweren, wenn ich mich nicht selbst engagiere.« Sein Vater sei über den Eintritt richtig sauer gewesen. Er ist selbst Genosse, war einer der ersten Mitglieder der SDP, also der sozialdemokratischen Partei der DDR, gewesen; er hatte als Mitglied des Neuen Forums Friedensgebete in der Kirche organisiert und Aussicht auf eine Parteikarriere gehabt, 1993 aber alles hingeworfen. Er habe keine Lust mehr auf das Klein-Klein gehabt, sagt sein Sohn, und sich lieber seiner Familie widmen wollen. Mittlerweile ist er stolz auf seinen Sohn, wie die meisten Väter, wenn die Söhne entgegen allen mahnenden Worten dann doch erfolgreich sind.

Johannes kann sich noch gut an seine erste Abteilungssitzung erinnern, er stand vor verschlossener Tür, weil in der Einladung ein falsches Datum stand. Er ging wieder nach Hause und kam eine Woche später zum richtigen Termin wieder. Nach der Abteilungssitzung nahm der Vorsitzende Sven ihn auf ein Sommerfest mit, zu dem auch der Kanzler erschien. »Ich wurde super aufgenommen«, sagt Johannes,

»die Leute waren sehr nett, und ich habe mich gleich wohl gefühlt.« Er war damals das jüngste Kreismitglied. Das hat sich geändert, nicht nur weil er selbst älter geworden ist. Als Johannes zwei Jahre später als Juso-Vorsitzender kandidierte, versprach er, mehr Schüler zu den Jusos zu holen. Mittlerweile sind die dort in der Mehrzahl, Leute in meinem Alter bilden die Minderheit. Obwohl Johannes erst seit dreieinhalb Jahren der SPD angehört, ist er der dienstälteste Juso im Verband Nord-Ost. Die Fluktuation ist sehr groß. Er aber ist dabei geblieben, auch wenn er nicht so viel bewegt hat, wie er sich gewünscht hätte. Aber er hat viel gelernt. Und dann hätten sie in der Clique bei den Jusos auch einfach viel Spaß zusammen, sagt er. Die Politik hat ihn in den dreieinhalb Jahren etwas desillusioniert. Früher war er noch »mehr links« eingestellt, wie er sagt. Aber er habe gelernt, dass viele Linke sich in ihrem Idealismus weigerten anzuerkennen, dass die Realität sich verändert habe. Er selbst bezeichnet sich als »pragmatisch«, wie er auch die Politik der Regierung als pragmatisch bezeichnet. Was passiert, ist in seinen Augen unumgänglich. Die Regierung übernimmt Verantwortung für eine Politik, die sie nicht gemacht hat, für die Politik aus der Ära Kohl. Natürlich kann man sie auch kritisieren. Er bevorzugt aber Geschlossenheit nach außen und nach innen einen kritischen Dialog.

Als Johannes vor dreieinhalb Jahren in die SPD eintrat, hatte er eine Idee, mit der er die Verkehrspolitik verändern wollte. Alle Einwohner sollten eine Abgabe zahlen und dafür umsonst die öffentlichen Verkehrsmittel nutzen können. Aber schnell wurde ihm klar, dass er mit dieser Zwangssteuer bei den Genossen niemals durchkommen würde. Und das hat ihm gezeigt: Wer eine Idee durchsetzen möchte, muss »dicke Bretter bohren« und viel, viel Geduld haben.

Um in einer Partei bestehen zu können, sagt er, brauche man bestimmte Eigenschaften: Man müsse über eine Grundehrlichkeit und über Durchsetzungsvermögen verfügen, man dürfe kein Sensibelchen und nicht nachtragend sein.

Für ihn ist ganz klar: Die Ausbildung geht vor. Deshalb zieht er nach München, auch wenn es ihm schwer fällt. »In der Partei wirst du schnell vergessen, wenn du keinen Erfolg mehr hast«, sagt er. Derzeit ist er neben seiner Tätigkeit als Juso-Vorsitzender auch noch der einzige Streicher im Stabsmusikkorps der Bundeswehr in Berlin. Er spielt Geige, kam mit elf Jahren schon auf ein Musikinternat und war Jungstudent an der Musikhochschule. Gelegentlich trifft er auch den Kanzler. Wenn er mit seinem Musikkorps bei Staatsbesuchen aufspielt.

Vor einem Jahr hatte Johannes mit einem anderen Juso zusammen eine neue Geschäftsidee und gründete eine Firma: Sie helfen Abiturienten bei der Organisation ihrer Abi-Bälle und Abschlusszeitungen.

Er sei ein Macher, sagt Johannes. Er könne nicht lange über Sachen nachdenken, er müsse sie tun. Und ungeduldig sei er. Im Internat organisierte er ein Telefon, weil es im Gebäude selbst keines gab und der Weg zur nächsten Telefonzelle unbeleuchtet war. Daraufhin wurde er Schülersprecher.

Ob er bereut habe, in die Partei eingetreten zu sein, will ich wissen. Nein, sagt er. Denn er habe gelernt, mit Argumenten umzugehen, härter zu diskutieren. Dass viele Vorurteile über Politiker – zum Beispiel dass sie zu viel Geld bekämen und faul seien – nicht den Tatsachen entsprächen. Und natürlich hat er auch gelernt, wie Organisationen funktionieren. Diese Erfahrung hat ihm bei der Bundeswehr sehr geholfen. Er weiß, welche Chefs wichtig sind und welche man auch mal verärgern kann. Er hat das Taktieren gelernt.

Mein erstes Amt

Alle zwei Jahre werden die Ämter innerhalb der Partei neu besetzt. Die Wahlabende sind die am besten besuchten Veranstaltungen: In unserer Abteilung versammeln sich am 23. März 2004 über zwanzig Genossen, sonst sind wir nur halb so viele. Als Erstes werden ein Wahlleiter, ein Schriftführer und eine Zählkommission bestimmt. Dann legt der Noch-Abteilungsvorsitzende seinen Rechenschaftsbericht ab: Er zählt auf, was die Abteilung in den vergangenen zwei Jahren zuwege gebracht hat, vom Besuch des ehemaligen Stasi-Hauptquartiers bis zur Organisation des Kinderfestes. In meiner Abteilung herrscht keine Wechselstimmung. Für den Abteilungsvorsitz gibt es nur einen Kandidaten: den Noch- und bald Wieder-Vorsitzenden Sven.

Ein Genosse sagte mir, dass es nie gut sei, sich selbst als Kandidaten ins Spiel zu bringen, das müsse ein anderer tun. Wir sponnen an jenem Abend etwas herum, wollten wie Lafontaine mit einer einzigen Rede das Herz der Genossen erobern und so den Vorsitz übernehmen. »Du musst eine Idee haben, du musst sagen, was sich ändern soll, was du tun möchtest«, sagte er. Und da ging es schon los. Was möchte ich eigentlich tun? Welche Vision habe ich für unser Viertel? Soll es kinderfreundlicher werden? Muss der Einzelhandel gerettet werden? Will ich Mietnachlass für Ossis, weil sie zunehmend von Wessis verdrängt werden? Ich habe keine Vorstellung. Und mir fällt auf, dass ich im Gegensatz zu meinen Eltern auf eine »schöne« Nachbarschaft keinen Wert lege. Wenn sie mich besuchen, ärgern sie sich über Graffiti an den Hauswänden. Was für eine Schweinerei das sei, frisch renovierte Häuser derart zu beschmutzen. Sie pflegen ihren Vorgarten und ärgern sich, wenn andere das Gras wild wachsen lassen. Wie spießig, habe ich immer gedacht und denke es heute noch, aber wenigstens fühlen sie sich für ihre Umgebung verantwortlich. Auch ich habe früh gelernt, Kaugummipapier und Apfelbutzen nicht einfach auf die Straße zu werfen, aber ob Häuser gestrichen oder Schlaglöcher repariert werden, ist mir egal.

Ich habe Freunde, die schon lange überzeugte Kreuzberger sind, jetzt aber die Nase voll haben. Es sei dreckig, erzählt einer, und ein anderer, dass seine Freundin in der U-Bahn von türkischen Kindern beschimpft worden sei, weil sie einen kurzen Rock getragen habe. Im Gegensatz zu meinen Eltern, die in ihrer Siedlung verwurzelt sind, haben diese Freunde kein Problem damit, Kreuzberg zu verlassen.

Ich selbst bin in meinem Leben siebenmal umgezogen, habe aufgrund des Berufes meines Vaters in fünf verschiedenen Ländern gelebt, Wegziehen fällt mir nicht schwer. Ich kenne aber nur einen Menschen in meinem Alter, der sich in einer Bürgerinitiative engagiert hat, um für seine Nachbarschaft einzustehen. Wird das Land verkommen, wenn die Generation unserer Eltern stirbt?

Die Kiez-Zeitung lese ich nicht, die Nachbarn kenne ich nicht mit Namen, über die Geschichte meines Viertels weiß ich auch nichts – manchmal habe ich das Gefühl, mehr über amerikanische Außenpolitik zu wissen als über die Kommunalpolitik. Menschen, die ein halbes Leben am selben Ort verbringen, konnte ich nie verstehen. Wie langweilig! Wie beschränkt! Interessant sind die, die in New York oder in Paris leben und gerade auf dem Sprung nach Singapur sind. In einer globalisierten Welt scheint jeder Ort näher als die eigene Umgebung.

Weil ich weder Ideen habe noch eine Chance, kandidiere ich auch nicht für den Abteilungsvorsitz. Aber zumindest Stellvertreter hätte ich werden können. Eine Genossin, die nicht viel länger dabei ist als ich, meldet sich einfach und sagt: Sie würde sich gern stärker engagieren, wisse zwar nicht genau, was auf sie zukäme, würde aber trotzdem stellvertretende Vorsitzende werden wollen. Sie wird mit 18 von 21 Stimmen gewählt. Der Vorsitzende bekommt 20 von 21 Stimmen.

Meine erste Wahl zeigt: Die Last eines Amtes scheint größer als die Lust auf das Amt. Statt sich um Ämter zu prügeln, ist man eher froh, wenn sich jemand freiwillig den Mühen stellt, und den wählt man dann aus Erleichterung und Dankbarkeit.

Kai, bislang stellvertretender Vorsitzender, ist der einzige Kandidat, der heute nicht gewählt wird. Er zieht weg, wäre aber trotzdem gern Beisitzer geworden, denn wer ein Amt hat, darf in der Abteilung bleiben, auch wenn er woanders wohnt. Dass Kai nicht gewählt wird, empört Susann. Sie hält uns eine Standpauke, ärgert sich, dass Kai für sein Engagement keinen Dank erhält. Später sagt sie mir, dieses Wahlergebnis sei eine ihrer größten Enttäuschungen in der Partei gewesen.

Zwei Abende später bin ich Landesdelegierter der Jusos – allerdings nur Ersatz und einer von vielen. Trotzdem hat es meine Mutter der gesamten Nachbarschaft erzählt, und mir sagt sie: »Vielleicht wird ja doch noch etwas aus dir!« Meine Freunde reagieren verblüfft: »Landesdelegierter? Das ging aber schnell. Machst du einen Durchmarsch?« Was mal wieder zeigt, wie wenig Ahnung sie von den Parteistrukturen haben.

Auch bei den Jusos sind an diesem Abend wesentlich mehr Leute gekommen als sonst. Passen wir sonst um einen Tisch herum, sind jetzt zwei lange Tischreihen aufgebaut und Stuhlreihen entlang den Wänden.

Zuerst wird über eine Änderung der Verbandsstruktur abgestimmt. Es soll nicht mehr einen Vorsitzenden, zwei Stellvertreter und fünf Beisitzer geben, sondern einen Vorstand aus sieben Leuten, die gleichberechtigt arbeiten und aus ihrer Mitte einen Sprecher ernennen. Es gibt eine Diskussion. Einer sagt, ein von der Mehrheit gewählter Vorsitzender habe mehr Autorität und sei auch eher in der Lage, Entscheidungen zu fällen, als wenn sieben Leute sich einigen müssen. Das Gegenargument: Ein gleichberechtigter Vorstand ist demokratischer und weniger autoritär. Die Mehrheit stimmt für die Änderung. Danach stellen sich die sieben Kandidaten für den Vorstand vor. Ihre Kandidaturen wurden vor der Versammlung schon abgesprochen, um unangenehme Überraschungen auszuschließen. Wie leicht es ist, eine Wahl zu beeinflussen! Von den fast 500 Genossen im Juso-Alter kommen 24 zum Wahlabend. Schaffte man es, weitere 15 zu mobilisieren, ließe sich fast wie bei einem Putsch die Kontrolle über den Verband an sich reißen. An diesem Abend aber läuft alles wie geplant.

Alle Kandidaten werden mit großer Mehrheit gewählt. Wahlen in der Partei enden selten mit Überraschungen. Besonders wenn es um die Ämter im Landesvorstand geht, feilschen die Verbände vorher untereinander. Klar passiert es manchmal, dass die Delegierten dann doch nicht so abstimmen wie erhofft. Die Vorstellung aber, die ich hatte, dass eine Wahl eine spontane Veranstaltung sei, dass sich Kandidaten vorstellen und gewählt wird, wer am überzeugendsten ist – diese Vorstellung entpuppt sich schnell als naiv. Auch wenn vorher über Kandidaten verhandelt wird, bleibe ihre Wahl natürlich eine demokratische, erklärt mir ein Genosse, weil ja niemand gezwungen werde, diese Kandidaten zu wählen. Auffallend ist die Art, wie die Kandidaten sich vorstellen oder vorgestellt werden. Nahezu jeder erwähnt, dass er regelmäßig dabei sei und sich in diversen Arbeitsgruppen engagiert habe. Engagement scheint die wichtigste Leistung und die Wahl eine angemessene Belohnung. Wahrscheinlich fängt hier schon an, was sich bis in die Parteispitze durchzieht. Ein kontinuierliches Engagement wird irgendwann mit einem Amt belohnt. Ob jemand dafür geeignet ist oder nicht, ist zweitrangig. Keiner stellt sich vor, indem er sagt, ich beschäftige mich mit dem und dem Thema und habe dazu folgende Ansichten. Eine Genossin brachte es einmal auf den Punkt: »Bei uns muss man 50 000 Luftballons aufgepustet haben, um etwas zu werden.« Und das ist auch, was es Quereinsteigern so schwer macht. Da gibt es Genossen, die seit Jahren an den Infoständen stehen und Luftballons aufblasen: Wenn jemand von außen käme und ihnen den verdienten Posten wegnähme – das gäbe böses Blut.

Trotzdem – oder gerade deswegen – gibt es den Ansatz, bei Wahlen jeden zehnten Listenplatz mit einem Quereinsteiger zu besetzen. Und für die Jugend wird etwas getan: 30 Abgeordnete im Bundestag sollten unter 40 Jahre alt sein.

Johannes Stahl, der in den neuen Vorstand gewählt wurde, sagt: Es sei wichtig, dass die Leute ihre Befähigung für ein Amt bewiesen haben. Dass sie Organisationstalent hätten und dass man sich auf sie verlassen könne. Leute, die man nicht kenne, seien immer ein gewisses Risiko.

Als es zum Schluss dann um die Ersatzdelegierten geht, werden wahllos Namen in den Raum gerufen, insgesamt acht. Eine Frau nennt meinen. Dann wird abgestimmt. Und ich werde gewählt – mit dem zweitschlechtesten Ergebnis. Aber das wird sich ändern, wenn ich die nächsten zwei Jahre kontinuierlich dabei bleibe.

»Ich bin Ersatzdelegierter für die LDK«, sage ich später zu meiner Freundin.

»LD-was?«

»LDK.«

»Jetzt ist es so weit«, sagt sie, »jetzt redest du schon Genossensprache. I-G-I-B.«

»Was?«

»Ich gehe ins Bett.«

Begegnung: Johannes Stahl

Politik gab Johannes schon als Kind das Gefühl von Ohnmacht. Er kommt aus einer Frankfurter Theaterfamilie, und wenn es wieder Sparmaßnahmen im Kulturbereich gab, war der Schuldige schnell gefunden: die Politik. Johannes stellte sich die Politik damals als Meer vor, das einfach da war, groß und tief und übermächtig, und wenn man den Kampf aufnehme, überrolle es einen oder rinne einem durch die Finger. Das Gefühl von Ohnmacht wurde durch 16 Jahre Kohl verstärkt. »Es war wie verhext«, sagt Johannes, »ich kannte niemanden, der ihn mochte, und doch wurde er immer wieder gewählt.«

In der Waldorfschule war er dann so etwas wie ein Interessensvertreter. Er setzte sich für Schüler ein, die eine böse Satire über einen Lehrer geschrieben hatten, und hatte zum ersten Mal das Gefühl, die Ohnmacht durchbrechen zu können. Dann lernte er den Freund seiner Schwester kennen, einen Kommunisten, der auf Demos agitierte und auf kleinen Podien Reden hielt. »Das hat mich sehr beeindruckt«, sagt Johannes. Kontakt zur SPD bekam er durch seine damalige Freundin, die ihn mit 16 zur Juso-Schülergruppe schleppte. Mitglied wurde er 1999. Roland Koch führte in Hessen einen Wahlkampf gegen Ausländer und wurde damit sogar Ministerpräsident. Das führte Johannes zur SPD. Und dieses Gefühl ist bis heute geblieben: Egal, wie groß sein Ärger über Gerhard Schröder ist, die CDU mit Koch, Stoiber und Merkel hält er für noch schlimmer.

Für Johannes ist Parteiarbeit ein Weg aus der Ohnmacht. Natürlich kann er nur an kleinen Rädchen drehen, aber es ist für ihn ein gutes Gefühl, nicht ausgeliefert zu sein, sondern etwas zu tun. Als Beispiel nennt er den Bundestagswahlkampf 2002, da lag die SPD am Ende etwa 6000 Stimmen vor der CDU, war damit stärkste Fraktion und konnte den Bundestagspräsidenten stellen. Manchmal denkt Johannes, dass er mit seinem jungen Wahlkampf-Team vielleicht zwanzig Wähler überzeugt hat, aber wenn das jedem Team bundesweit gelang, dann war das wahlentscheidend. Es ist alles ein wenig theoretisch, weil man das Ergebnis nicht wirklich messen kann. Aber hilft es vielleicht doch, Plakate zu kleben? Oder mit Menschen am Infostand zu reden?

Johannes redet mit fester Stimme, auch am Rednerpult vor siebzig Delegierten; nachdem er in den Vorstand der Jusos Nord-Ost gewählt wurde, deren Sprecher er mit Katja zusammen ist, kandidiert er nun für den neuen Landesvorstand. In seiner Vorstellung, die er als Rundmail verschickt hat, steht: »In einer Zeit, in welcher einer SPD geführten Regierung leider allzu oft nur das Sparen am Sozialstaat als Problemlösung einfällt, sich sozialdemokratische Reformen mehr und mehr raubtierkapitalistischen FDP-Vorstellungen annähern und die Gewerkschaften der Sozialdemokratie die Zusammenarbeit aufzukündigen drohen, müssen sich SPD und Jusos auf das zurückbesinnen, was sie seit mehr als hundert Jahren ausmacht.«

Wird er Karriere machen? Er wolle nicht finanziell von der Politik abhängig sein, weil das die Objektivität gefährde, sagt er. Wer wieder gewählt werden müsse, weil er davon lebt, der könne nicht mehr objektiv sein. Aber wenn er finanziell abgesichert wäre durch einen anderen Beruf, dann könnte er sich auch vorstellen, Parteikarriere zu machen. Derzeit studiert er Politikwissenschaft und jobbt in einem Callcenter. Besonders die Arbeit im Juso-Verband macht ihm Spaß, weil die Verbände weitgehend autonom sind. »Wir müssten schon die Räterepublik ausrufen, bevor uns jemand etwas verbieten würde«, sagt Johannes.

Die Ohnmacht jedenfalls hat er aus seinem Leben verbannt. Er spürt sie nur noch beim Fernsehen. Wenn er Politiker sieht, dann hat er das Gefühl, er muss wieder etwas tun.

»Herr Eichel, sagen Sie endlich die Wahrheit!«

Eine gediegene Aula hat sich der »Sparminator« ausgesucht. Die Holzvertäfelung verströmt die Atmosphäre einer etwas heruntergekommenen englischen Elite-Uni. Es ist der 29. März 2004, und ich sitze in der Sophie-Charlotte-Oberschule in Berlin-Charlottenburg. Der Saal ist voll, etwa 250 Menschen wollen Hans Eichel, den Mann mit den Sparschweinen auf dem Schreibtisch, sehen und hören. Galt er vor zwei Jahren noch als Vorzeigeminister, gehört er nun zu jenen, die bei der nächsten Kabinettsumbildung wohl auf der Strecke bleiben werden. Weil, so sagte mir ein Politikberater, Eichel ein Problem mit seinem Image habe. Es sei ein Fehler gewesen, ihn zum »Sparminister« zu machen, weil das Sparen nicht allein in seiner Macht liegt. Als Finanzminister habe er nur begrenzt Einfluss auf den Haushalt; da die Arbeitslosigkeit steige und die Konjunktur in der Krise sei, könne Eichel keinen ausgeglichenen Haushalt vorlegen. Sein Image sei von äußeren Umständen abhängig, und das sei fatal. Man hätte ihn besser zum »Gerechtigkeitsminister« machen sollen, sagt der Berater. Weil er dann jede Einsparung und Umverteilung moralisch hätte begründen können. Spätestens im Herbst, so der Berater, werde Eichel seinen Job los sein. Was in den folgenden Wochen vom Regierungssprecher immer wieder dementiert wird. Das kennt man aus dem Fußball. Ist es erst mal so weit, dass der Manager öffentlich erklärt, der Trainer genieße sein vollstes Vertrauen, dann weiß man: Die Entlassung steht kurz bevor.

An diesem Nachmittag erklärt uns der Noch-Finanzminister, warum es dem Land schlecht geht. Sein bestes Jahr sei 2000 gewesen, da habe das Wachstum bei 2,9 Prozent und die Neuverschuldung bei 24 Milliarden gelegen. 2003 dann habe Deutschland 82 Milliarden Euro Schulden aufgenommen, für 2004 rechne er mit rund 70 Milliarden. Warum? Wegen der Weltwirtschaftskrise, der Wiedervereinigung und der alternden Gesellschaft. Die Lösung für alles heiße: mehr Wachstum. Er sagt, die Regierung habe zu lange nichts getan. »Die ersten vier Jahre unserer Regierung haben wir viel angefangen – aber es reichte nicht aus.« Zur Gesundheitsreform sagt er, von der Pharmaindustrie, den Ärzten und Apothekern hätte mehr kommen können. Wohl wahr. In der »Süddeutschen Zeitung« lese ich, dass allein 2004 durch die Gesundheitsreform neun Milliarden Euro gespart werden. Davon tragen die Versicherten fast acht Milliarden. Viele Menschen sind nicht wegen der zehn Euro Praxisgebühr unzufrieden, sondern weil sie die Gesundheitsreform als ungerecht empfinden. Die Kleinen zahlen und die Großen nicht. Auch mir geht es so: Es ist nicht die Gebühr, die mich stört. Ich habe schon so oft zehn Euro für irgendeinen Schund ausgegeben, für schlechtes Essen in der Kneipe, für langweilige Zeitschriften oder schlechte Bücher. Manchmal wundere ich mich sogar, was sich Menschen alles erstatten lassen. Nach der Geburt meines Sohnes sollte ich Vitamin-D-Tabletten in der Apotheke holen. Die Apothekerin fragte, ob ich ein Rezept hätte, die 2,30 Euro könnte ich mir doch erstatten lassen. Ich käme bei solchen Beträgen nicht einmal auf die Idee. Aber es muss klar sein, dass jeder nach seinen Möglichkeiten etwas für das Gemeinwohl tut. Und soziale Gerechtigkeit erwarte ich noch am ehesten von der SPD. Ich begreife nicht, warum die Partei diesen Wert so sehr vernachlässigt.

Als Müntefering bei einer Veranstaltung darauf angesprochen wurde, warum die Pharmaindustrie nicht stärker zur Kasse gebeten wurde, sagte er, er könne diese ganze Diskussion nicht verstehen. Es käme doch auch niemand auf die Idee, die Autohersteller zur Finanzierung der Straßen zu verpflichten. Keine schlechte Idee, eigentlich. Eigeninitiative scheint das Trendwort zu sein. Auch Eichel benutzt es. Er verlangt von den Menschen mehr Verantwortung in den kleinen Bereichen des Lebens. Heute wolle jeder Regeln haben und abgesichert sein, sagt er, das führe so weit, dass Schulausflüge nicht gemacht würden, wenn nicht vorher geklärt sei, was passiere, falls etwas passiere. Und wenn die laute Musik des Nachbarn störe, rufe man lieber die Polizei, als dass man ihn selbst bitte, die Musik leiser zu drehen. Fast romantisch wirkt dieser moralische Appell – aber mir gefällt er. Hans Eichels Vision von einer besseren Gesellschaft.

Nach seiner Rede wird, wie gewohnt, die Fragerunde eröffnet. Aber dieses Mal ist es anders, dieses Mal tobt der Mob. Es fängt harmlos an. Die erste Frau möchte wissen, ob schon mal darüber nachgedacht worden sei, eine Rentenversicherung für Genossen einzuführen. Der Zweite fordert die Politiker auf, endlich zuzugeben, dass es immer eine Sockelarbeitslosigkeit geben werde und die Vollbeschäftigung nur ein Traum sei. Was Hans Eichel so nicht bestätigen mag. Dann steht eine junge Frau auf, keine 20 Jahre alt, und ruft: »Herr Eichel, sagen Sie endlich die Wahrheit! Das Weltfinanzsystem ist bankrott! Die Blasen des internationalen Finanzsystems sind geplatzt!« Sie beruft sich auf Helga Zepp-LaRouche, Vorsitzende der Bürgerrechtsbewegung »Solidarität«, die durch das Auftreten der jungen Frau fast schon die Aura einer

Sektenführerin bekommt. Vor allem weil im Saal noch mehr dieser Zepp-Jünger sind, die anschließend noch Flugblätter verteilen, auf denen steht: Die Terroranschläge von Madrid seien weder Werk der ETA noch islamischer Kreise, sondern dahinter steckten faschistische Netzwerke. Das verdeutliche, dass »synarchistische Kreise versuchen könnten, durch Terroranschläge und neue Reichstagsbrände faschistische Regime durchzusetzen«. Ein junger Mann fängt an, Eichel zu beschimpfen, und beruhigt sich erst, als zwei Ordner ihn rausschmeißen wollen. Genosse Hans erregt sich etwas, ruft: Er lasse sich keine Lügen vorwerfen und er lasse sich auch nicht beleidigen. »Faschist«, murmelt der junge Mann. Die Stimmung im Saal ist aggressiv. Ein alter Mann steht auf, sagt, es gehe ihm um die Alterssicherung und er möchte mal einen kurzen Rückblick… Ein Raunen geht durch den Saal: »Ach nö«, ruft jemand, »lass mal.« Und weil er sich nicht abschrecken lässt, kommen bald schon die nächsten Rufe: »Schlaf nicht ein, Opa!« Dabei hatte der gerade den Vorschlag gemacht, man solle umschichten zugunsten »unserer Kinder«, denn den Rentnern ginge es doch gut.

An diesem Nachmittag bekomme ich zum ersten Mal ein Gefühl für die Kehrseite des Politikerdaseins. Einerseits werden rote Teppiche ausgerollt, man wird in gepanzerten schwarzen Limousinen chauffiert und darf sich wichtig fühlen. Andererseits muss man sich beschimpfen lassen, sich regelmäßig den Ängsten und der Wut stellen, die die eigene Politik bei den Menschen auslöst. In welchem anderen Beruf gibt es das schon: Sven, unser Abteilungsvorsitzender, sitzt tagsüber in einem großen Büro im Reichstag, abends verteilt er im Regen vor einem Supermarkt Broschüren und wird dabei von den meisten Menschen ignoriert. Das ist wohl der große Unterschied zu Managern, die ihre Freizeit auf dem Golfplatz verbringen und sich höchstens einmal im Jahr vor den Aktionären rechtfertigen müssen. Sich den Betroffenen direkt zu stellen, nicht über Zeitung oder Fernsehen, davor habe ich seit diesem Abend großen Respekt.

Tag der Ohrfeige

Der 18. Mai 2004 ist der Tag der Demütigung. Aus dem Radio erfahre ich, dass Genosse Gerd geohrfeigt wurde, eine schallende Ohrfeige, mit der flachen Rechten links ins Gesicht. Und wer war der Täter? Ein Neumitglied. Genosse Jens, 52 Jahre alt, arbeitsloser Gymnasiallehrer, seit dem 18. Februar in der SPD. In Mannheim, bei einem Neumitgliedertreffen, hat er Gerd eine gescheuert und ist stolz darauf.

Zum ersten Mal tut mir der Kanzler Leid. Weil es kaum etwas Demütigenderes gibt, als öffentlich abgewatscht zu werden. Ich habe mal mit 15 eine gelangt bekommen, von Anne, weil ich versucht habe, ihr unter den Rock zu schauen. Kaum, dass ich ihn hochgezogen hatte, machte es schon: Patsch. Meine Wange glühte, aber das war nicht das Schlimme. Peinlich war, dass alle zugeschaut hatten und ich von da an das Gefühl nicht loswurde, dass sie mich mit anderen Augen ansahen: ein bisschen mitleidig, ein bisschen schadenfroh.

Dem Kanzler geht es ähnlich. Wie viele Menschen denken insgeheim, geschieht ihm recht? Die Medien haben ihren kleinen Skandal. Noch nie ist ein Neumitglied so schnell bekannt geworden, selbst der »Spiegel« widmet dem Genossen Jens, der nach der Tat sofort aus der Partei ausgeschlossen wird, zwei Seiten, auf denen er erklären darf, dass es ihm bei der Ohrfeige gar nicht um Schröder ging, sondern um das Land.

Mit einer Ohrfeige erreicht man offensichtlich mehr Menschen als mit Argumenten. Und was folgt daraus? Wer Gehör finden will, sollte einem Spitzenpolitiker zwischen die Beine treten?

Der Kanzler-Watscher zumindest ist einen Tag lang in aller Munde. Er löst auch den ersten politischen Streit zwischen meiner Freundin und mir aus. Ich sage: »Der arme Kanzler, der rackert sich ab für dieses Land, erntet nur Kritik und dann auch noch eine Ohrfeige.« Und sie sagt: »Du spinnst wohl. Bleib mal auf dem Boden. Der muss einem wirklich nicht Leid tun. Dir sollten lieber die Menschen Leid tun, denen er die Sozialleistungen kürzt. Pass bloß auf, dass du dich nicht mit deiner Partei und deinem Gerd überidentifizierst.«

Politiklounge oder wie man Mitglieder wirbt

Sabine ist 29, steckt derzeit gerade in den letzten Prüfungen zum zweiten Jura-Staatsexamen. Ich habe sie auf der LD…, Tschuldigung, Landesdelegiertenkonferenz, kennen gelernt – sie saß neben mir, wir unterhielten uns, während über die Anträge diskutiert wurde. Hin und wieder griff sie zu ihrer Stimmkarte und hielt sie hoch. Ich erfuhr, dass besonders eine Frage sie beschäftigt: Wie kann man junge Menschen für Politik begeistern?

Sabine war mir vom ersten Blick an sympathisch – und wir verabredeten uns für die kommende Woche, um mal über Politik und Partei zu reden. Nicht beim Bier, sondern beim Milchkaffee in einer Kneipe in Berlin-Mitte. Früher, sagt sie, habe sie sich selbst noch als unpolitisch bezeichnet. Klar, sie habe zwar Zeitung gelesen, aber eher querbeet, und wenn, dann sei sie eher an Nachrichten aus dem Ausland interessiert gewesen. Das änderte sich, als sie im Sommer 1997 für zwei Semester nach Spanien ging. Es war die Zeit vor der Bundestagswahl, als noch nicht klar war, ob Oskar Lafontaine oder Gerhard Schröder kandidieren würde, die Zeit der Hoffung auf das Ende der Ära Kohl. Es war, sagt Sabine, als würde das Land endlich vom Mehltau befreit. In Spanien las sie regelmäßig den »Spiegel« und diskutierte viel mit den anderen Deutschen über Politik. Sie kam zurück und »brannte darauf, aktiv zu werden«. Im Berliner Stadtmagazin »Zitty« stieß sie auf eine Anzeige: »Die SPD sucht Praktikanten.« Sie bewarb sich und wurde dem Büro von Wolfgang Thierse zugeteilt. Das war im Sommer 1998, kurz vor der Bundestagswahl.

»Es war eine positive Erfahrung«, sagt sie. Die Leute waren nett, und sie durfte »selbst ran«. Sie half, Wahlkampfveranstaltungen zu organisieren, war so enthusiastisch, dass sie sich nicht zu schade war, Stände aufzubauen. Sie wollte den Wechsel. Unbedingt. Nach der Wahl wurde sie Mitglied.

Wie also weckt man bei jungen Menschen das Interesse für Politik? Bei jungen Menschen, die doch so »illusionslos und nüchtern« seien, wie die 13. Shell-Jugendstudie die Mehrheit der Jugendlichen beschreibt. Unter denen das Ansehen von Politikern nach dem von »Betrügern« rangiert.

Zusammen mit den anderen Praktikanten sammelte sie Ideen. Eine davon war das »Alex-Projekt«: Die SPD hilft Jugendlichen bei der Umsetzung ihrer Ideen und stellt ihnen dafür Büros mit Telefon- und Internetzugang zur Verfügung. »Alex« startete 1999 und schon im zweiten Jahr wurden mehr als 50 Projektideen umgesetzt: Schüler organisierten eine Ausstellung zum Thema »Zukunftsvisionen«, andere stellten an Kreuzberger Hauptschulen regelmäßiges Football- und Boxtraining auf die Beine, in der Hoffnung, der Sportsgeist könnte ein rücksichtsvolles Zusammenleben im Stadtteil fördern.

Das Ziel der SPD ist: neue, junge Mitglieder werben und das Image der Partei verbessern. Die jungen Menschen sollen das Gefühl bekommen, mit ihren Ideen auf offene Ohren zu stoßen und ernst genommen zu werden. Der Haken allerdings ist: Parteien scheinen bei Jugendlichen derart verpönt, dass deren einzige Chance, Jugendliche zu erreichen, offenbar die ist, möglichst nicht in Erscheinung zu treten.

»Alex«, mittlerweile Berlins größter Jugendprojektwettbewerb, endet jedes Jahr mit einer Abschlussgala, auf der die besten Projekte ausgezeichnet werden. 120 Projekte wurden im Jahr 2004 eingereicht, 87 davon präsentieren sich im Freizeit- und Erholungszentrum Wuhlheide, das an eine riesige Aula erinnert. 600 Jugendliche stellen ihre Projekte vor – an Ständen, auf Leinwänden und Bühnen, sie reichen von Hip-Hop-Performances über Dokumentarfilme bis hin zu sozialen Projekten. So haben Jugendliche eine CD mit Musik von U-Bahnmusikern zusammengestellt, deren Erlös einem SOS-Kinderdorf zugute kommt. Andere wollen als Schülerbegleiter öffentliche Verkehrsmittel für Jugendliche sicherer machen. Und ein Schüler wirbt mit einer Aktion für mehr Toleranz gegenüber homosexuellen Jugendlichen an seiner Schule. Die Resonanz ist riesig, die Halle voller junger Menschen – und man könnte meinen: Wenn eine Partei mit einer Veranstaltung so viele Jugendliche erreicht, braucht man sich weder Sorgen um den Nachwuchs noch um die vermeintliche Politikverdrossenheit zu machen. Allerdings würde niemand, der es nicht weiß, darauf kommen, dass dies eine Veranstaltung der SPD ist. Nirgendwo ist ein Parteilogo zu sehen oder ein Hinweis oder gar ein SPD-Stand. Selbst im Programmheft ist nichts von SPD zu lesen. Zwar werden Sponsoren und Unterstützer genannt, diverse Firmen aufgezählt, aber den einzigen versteckten Hinweis auf die Partei findet man in der Danksagung: »Danke an alle Helfer, an Ralf, Eckart, Hannes… und den Rest des Kurt-Schumacher-Hauses, dass ihr so geduldig mit uns wart.« Und am Ende der Abschlussgala überreicht Generalsekretär Benneter den Preis.

Diese Zurückhaltung ist ungewöhnlich, weil die Partei sonst keine Gelegenheit auslässt, einen Infostand aufzubauen, das Logo ins Bild zu bringen oder wenigstens Luftballons

h die zweite Wahl im Jahr 2004 geht verloren. Die SPD
itert mit ihrer Kandidatin für das Bundespräsidenten-
Es ist der 23. Mai 2004, und ich verfolge die Wahl im
ehen. Denkbar knapp gewinnt Horst Köhler, der CDU-
Kandidat, im ersten Wahlgang mit 604 Stimmen. Was
PD als Sieg für Gesine Schwan deutet. Nicht nur weil
elegierte aus dem »bürgerlichen« Lager gegen Horst
r gestimmt haben, nein, viel wichtiger ist: Sie hat der
wieder Hoffnung gebracht. Die Genossen, so scheint
, sind im Gesine-Fieber. Alle reden von Gesine, und
litische Stimmung für die SPD hat sich in den vergan-
zwei Wochen verbessert. Sie legt sechs Prozentpunk-
nd erreicht, so das Politbarometer, den besten Wert
tober 2003. Und das, da ist man sich in der SPD si-
Gesines Erfolg. Schon wird sie als mögliche Ministe-
ndelt. Und unser Abteilungsvorsitzender empfiehlt
tracht des bevorstehenden Wahlkampfes, an Gesine
en, wenn unsere Motivation mal nicht so gut sein
Denkt an ihr Lächeln und ihre freundliche Art!«,
ber was hat sie eigentlich getan? Sie ist ein guter
dlich, humorvoll, locker und natürlich. Das scheint
reichen. Eine unkonventionelle Frau, die lacht und
st. Gesine hat gezeigt, wie dröge, eingefahren und
ie anderen Spitzenpolitiker auftreten. Ich frage
n ich das letzte Mal einen gesehen habe, der gute
breitet? Außer Gesine fällt mir keiner ein. Hat sie
icht auch deswegen ihre Frische bewahrt, weil sie

oder Broschüren zu verteilen. Jugendliche scheinen aber sehr skeptisch auf solche Parteipräsenz zu reagieren.

In Zeiten, in denen man mit Werbung zugedröhnt wird, ist es eigentlich erfreulich, dass ein Projekt wie »Alex« nicht parteipolitisch instrumentalisiert wird, auch wenn man es vielleicht gern täte. Was »Alex« auf jeden Fall zeigt: Jugendliche sind bereit, sich zu engagieren. »Dass es eine Parteiveranstaltung ist«, sagt Gordon, der Projektleiter von »Alex«, »damit gehen wir nicht hausieren. Das würde eher kontraproduktiv wirken. Und Jugendliche würden erst mal auf Distanz gehen.«

Sabine sagt, es gehe ihr nicht in erster Linie um die Rekrutierung von jungen Leuten für die Partei, sondern darum, ihr Interesse für Politik zu wecken. Das versucht sie auch mit der »Politiklounge«. Alle sechs Wochen haben junge Menschen die Möglichkeit, mit prominenten Gästen zusammenzukommen. Wolfgang Thierse, Klaus Wowereit, Franz Müntefering, aber auch Tim Renner, Ex-Chef von Universal Music, waren schon da und haben im kleinen Kreis Rede und Antwort gestanden. Anschließend gibt es dann die Gelegenheit zu einem gemeinsamen »Chill-out-drink«.

Auf meiner ersten »Politiklounge« komme ich mit einem jungen Mann ins Gespräch, der mich fragt, was er in der SPD erleben könne. Eine Menge, sage ich und zähle ihm verschiedene Veranstaltungen auf. Er sagt, er habe genug vom Jammern und möchte endlich etwas tun. Er sei noch nicht ganz entschlossen zwischen den Grünen und der SPD und wolle sich deshalb am heutigen Abend mal umschauen. Ob der junge Mann jemals wiederkommen wird? Sabine hat nur einmal erlebt, dass ein 16-Jähriger an den Infostand gekommen ist und gesagt hat, er könne sich vorstellen, Mitglied zu werden.

Es wird eine interessante Veranstaltung: Zwei Politikberater sind zu Gast, der eine sehr jung, der andere ein »alter Hase«, der schon mal Minister war. Sie erzählen von ihrem Werdegang, davon, dass sich in der Politik im Vergleich zu früher zwei Dinge grundlegend verändert hätten. Wegen der wirtschaftlichen Probleme und des daraus entstehenden Konkurrenzdrucks habe sich in den Medien der Trend zur »Skandalisierung« entwickelt. Die zweite Veränderung liege im Tempo. Entscheidungen müssten viel schneller getroffen werden, oft bliebe Politikern nicht einmal die Zeit, Rücksprache mit der Partei zu halten – was zu einer extremen Oberflächlichkeit führe. In der Regel habe ein Politiker im Radio oder Fernsehen kaum 40 Sekunden, um seinen Standpunkt darzulegen.

Ich kenne das aus meiner Zeit bei Radio Bremen. Ich war damals sogar mal auf einer Wahlkampfveranstaltung der SPD, als es die so genannte Troika noch gab: Lafontaine, Scharping und Schröder. Ich sollte darüber berichten – in zwei Minuten. Und möglichst nicht zu trocken, was bedeutete: nicht zu viel Wort, weil Wortbeiträge den Musikfluss unterbrechen und Hörer zum Umschalten animieren könnten. Also bastelte ich einen Beitrag, unterlegte ihn mit der Einmarschmusik von Henry Maske, machte daraus ein Duell: Scharping gegen Kohl. Viel mehr als dass die SPD eine Wahlkampfveranstaltung abgehalten hatte, blieb nicht als Information. Aber der Beitrag war unterhaltsam – und das war die Hauptsache.

Der »alte Hase« sagt: Sechzig Prozent der Politiker fragten sich, warum sie eigentlich auf dem Stuhl säßen, auf dem sie sitzen. Die wenigsten von ihnen seien in der Lage, wirklich Politik zu machen. Was es denn bedeute, Politik zu machen, möchte ich von ihm wissen. »Visionen von einer Ge-

sellschaft stückweit mehrheitsfähig mac
er dann von der Wichtigkeit eines Imag
griff einer »inszenierten Authentizität«
derspruch in sich, nutze ich die Gelege
meiner Sehnsucht nach einem mens
Schwächen eingesteht, Zweifel äußert
ge eine Antwort hat. Ich sage: Ein Ka
samstags zwischen 14 und 16 Uhr ha
mit seinem Sohn zum Fußball gehe
geliebt werden!

Der »alte Hase« schaut mich an,
den Kopf und sagt: »Mit deinem A
du bist – lass es. Damit kommst du

Au
sch
amt
Fern
FDP
die S
18 D
Köhl
SPD
es mi
die p
genen
te zu
seit O
cher, is
rin geh
in Anb
zu den
sollte. »
sagt er.
Typ, fre
schon z
fröhlich
kraftlos
mich, wa
Laune ve
sich viell

von außen kommt und sich nicht jahrelang durch die Parteihierarchie gequält hat?

Trotzdem ist sie nicht Bundespräsidentin geworden. Der neunte Präsident der Bundesrepublik heißt Horst Köhler. Und das ärgert mich. Nicht, weil ich etwas gegen ihn als Person hätte, sondern weil ich den Eindruck habe, dass es in Deutschland derzeit nur ein einziges Thema gibt: Wirtschaft. Nichts anderes zählt mehr. Die CO_2-Emissionen werden doch nicht so stark reduziert wie vereinbart, weil man es der Wirtschaft nicht zumuten könne. Wenn Schröder, wie im Dezember 2003, auf Staatsbesuch in China weilt, lautet die Hauptmeldung in der »Tagesschau«: »Es wurden elf Wirtschaftsabkommen unterzeichnet.« Es wird über die schwache Binnenkonjunktur geklagt, darüber, dass die Menschen zu wenig kaufen, als hätten wir Menschen eine einzige Funktion: die des Konsumenten, und als hinge unser aller Glück allein vom Kaufen ab. Gibt es gar keine andere Lebensqualität mehr? Was ist mit Familie, Freizeit, Freunden, Kultur, Sport und Natur? Marco Bülow, ein junger Bundestagsabgeordneter der SPD, sagt, manchmal habe er das Gefühl, wir degenerierten, weil wir nur noch über Finanzen, Ökonomie und Wachstum redeten. Dabei sei wissenschaftlich erwiesen, dass Glück nichts mit Geld zu tun habe. Die glücklichsten Menschen lebten in Mexiko und in anderen armen Ländern.

Ich finde, in einer »ökonomisierten« Zeit sollte der Bundespräsident nicht auch noch Volkswirt sein. Auch wenn Köhler als sehr erfolgreicher Banker gilt.

Und dann ärgert mich noch etwas: Es wird Respekt vor dem Amt des Bundespräsidenten erwartet. Aber es fällt mir schwer, einen Mann zu akzeptieren, der letztlich dem Machtstreben einer Angela Merkel dient. Köhler war nicht erste Wahl, Köhler wurde letztlich von Merkel durchgesetzt. Weil sie Bundeskanzlerin werden will, soll ich Horst Köhler akzeptieren? Das ist ein bisschen viel verlangt.

Begegnung: Susann Engert

Susann wuchs in Eisenhüttenstadt auf, im Osten Deutschlands. Seit einem Jahr ist sie stellvertretende Bundesvorsitzende der Jusos. Sie ist auch Abgeordnete in der BVV, der Bezirksverordnetenversammlung, das ist so etwas wie ein Bezirksparlament. Sie wurde damals gefragt, ob sie nicht kandidieren wolle, es werde noch eine Frau für den Prenzlauer Berg gesucht. Susann ist 26 und gilt als Karrierefrau, weil sie, kaum fünf Jahre in der SPD, schon begehrte Ämter innehat. Das macht nicht nur Freunde. Vor einiger Zeit bekam sie eine anonyme E-Mail, in der ihr vorgeworfen wurde, sie habe sich hochgeschlafen. Zuerst lachte sie darüber, als dann aber eine zweite Mail kam, war ihr nicht mehr zum Lachen zumute. Vielleicht sagt sie wegen solcher Erfahrungen, dass sie bei der Partnersuche darauf achtet, möglichst nicht an einen Genossen zu geraten. Sie habe keinen Bock auf Sprüche wie: »Die ist nur mit ihm zusammen, weil sie etwas werden will.« Die Tatsache, dass sie überhaupt in der SPD ist, hat allerdings tatsächlich mit einem Mann zu tun: ihrem Ex-Freund. Der schwärmte von den Jusos und nahm Susann irgendwann mit. Weil ihr Freund etwas werden wollte, sagt sie, habe sie sich tendenziell zurückgehalten. Nach der Trennung aber »ging ich nach vorn!«

Susann kommt aus einem PDS-Elternhaus. Ihr Vater war im PDS-Kreistag und im Brandenburger Landesvorstand. Wenn in der Schule Parteien vorgestellt werden sollten, suchte sie sich immer die PDS aus. Als Kind durfte sie kein Westfernsehen schauen, ihre Eltern fanden, dass die Einheit viel zu schnell kam. Nach der Schule ging sie für ein Jahr nach Chicago, lernte viele Aupair-Freunde aus Westdeutschland kennen. Auf einmal passte das Bild vom »Besserwessi« nicht mehr, und je mehr sie über die USA erfuhr, desto mehr lernte sie »die Vorzüge Deutschlands kennen, das Rechtssystem etwa und den Sozialstaat auch«. Dieses Jahr im Ausland war wichtig für ihre Identifikation mit »Gesamtdeutschland«. In einem Artikel für die »Berliner Republik« schrieb sie: »Inzwischen fällt es mir schwer, mich über mein Ostdeutschsein zu definieren, von der Generation meiner Eltern habe ich mich entfernt. Für sie ist die Welt heute so einfach wie früher. Gut und Böse. Krieg ist schlecht. Die Krise des Kapitalismus spitzt sich zu. Auf den Imperialismus der Amerikaner ist Verlass. Ähnlich in Schwarz und Weiß denken umgekehrt noch viele Westdeutsche.«

Als ich Susann vor Wochen fragte, ob wir uns mal treffen könnten, um über die SPD zu reden, war sie sich noch unsicher darüber, ob sie über ihre PDS-Herkunft reden sollte. Weil sich viele Genossen mit der PDS nach wie vor schwer täten. Aber sie hat beschlossen, dazu zu stehen. Schließlich ist es ihre Vergangenheit.

Vor einem Jahr nannte das Magazin »Neon« Susann unter den 100 wichtigsten jungen Deutschen und sagte ihr voraus, sie würde mal die Vordenkerin ihrer Partei. Freunde und Bekannte reagierten positiv darauf, sagt sie, bei den Jusos aber stieß sie eher auf Neid. In Sitzungen bekam sie Sätze zu hören wie: »Du, als eine von den 100 wichtigsten Deutschen, für dich wird das hier doch kein Problem, oder?«

Bislang habe ich Susann meistens zurückhaltend erlebt, fast schüchtern. »Ich habe oft keine Lust zu reden«, sagt sie,

»und dann denke ich: Ist doch egal, lass die anderen ihr Ding machen. Ich will nur etwas sagen, wenn ich auch etwas zu sagen habe.« Dazu hat sie auch noch eine leise Stimme – nicht die besten Voraussetzungen, um Politik zu machen, könnte man meinen, aber gerade das gefällt mir: dass sie mit dieser Art schon einiges erreicht hat in der Partei.

Dass sie so schnell in wichtige Ämter gekommen ist, hat auch damit zu tun, dass sie gleich drei Quoten erfüllt: sie ist eine Frau, sie ist jung und sie ist aus dem Osten. »Ich könnte eine Karrierestufe nach der nächsten nehmen«, sagt sie, »aber will ich das? Ich glaube nicht.« Wieso nicht? »Ich will Kinder haben und Familie«, sagt sie, »und das lässt sich nur schwer mit einer Parteikarriere vereinbaren.«

Mein erster Wahlkampf, die Vorbereitung

»Stell dir vor, es ist Europawahl und keiner geht hin.« Mit diesem Satz ist eine Mail überschrieben, die mich zu einem ersten Treffen der Jusos Nord-Ost einlädt. Wir wollen uns Gedanken zum Wahlkampf machen und sollen möglichst zahlreich erscheinen! Und Getränke mitbringen! Ich kaufe zehn Flaschen Bier und hoffe, dass sie ausreichen. Ich stelle mir vor, wie zehn oder 15 junge Menschen in irgendeinem Wohnzimmer zusammensitzen, die einen auf dem Boden, andere auf den Fensterbänken, es wird gescherzt, gelacht und bis tief in die Nacht über Ideen nachgedacht.

Die Wirklichkeit sieht anders aus. Meine zehn Bierflaschen werde ich später wieder nach Hause tragen. Wir sind zu viert und das Treffen findet dann doch in einer Kneipe statt. Ich stelle die Tasche mit den Flaschen unter meinen Stuhl, damit sie niemand sieht. Ich bin der Einzige, der etwas mitgebracht hat. Wir sitzen etwas beengt um einen Tisch herum und machen ein Brainstorming. Man müsse eine Party organisieren und Eintritt verlangen, um die »Kriegskasse« zu füllen. Weil die SPD in letzter Zeit viele Wahlen verloren hat, fehlt das Geld für größere Aktionen. Ein wichtiger Teil des Wahlkampfes soll die Aufklärungsarbeit sein, weil die wenigsten überhaupt wissen, welche Funktion das Europaparlament hat. Man könnte morgens vor einer S-Bahn-Station Kaffee ausschenken oder wieder einen Weinstand organisieren, der schon beim vergangenen Wahlkampf gut ankam. Weil die Menschen einen Moment verweilen mussten und man so mit ihnen ins Gespräch kam.

Der Europawahlkampf wird besonders schwierig, da macht sich keiner Illusionen. Selbst die Freunde, klagt Johannes, ließen sich kaum noch überzeugen, SPD zu wählen. Wie soll es erst auf der Straße werden? Ich befürchte, dass wir den Frust der Wähler abbekommen werden.

Ich erfahre, dass unser Bezirk kein homogenes Wahlkampfgebiet ist. Da gibt es die Gegend um den Kollwitzplatz im Prenzlauer Berg, wo vorwiegend zugezogene junge Westler leben. Und sich die Kinder über Luftballons freuen. Und dann die Plattenbauten in Buch, wo Jugendliche eher auf das Helium scharf sind. Und denen wir unter Umständen erst erklären müssen, was die SPD überhaupt ist.

Die Vorstellung, am Stand zu stehen und auf Fragen keine Antwort zu wissen, macht mir Angst. »Ja, und warum soll ich gerade SPD wählen?« – »Ähm, ja, warum denn nicht ...?«

Zum ersten Mal werde ich so etwas wie ein offizieller Botschafter der SPD sein, jemand, der die Partei nach außen hin vertritt, der Menschen auf der Straße von der SPD überzeugen soll. Und zum ersten Mal stellt sich mir die Frage der Loyalität. Muss ich der Partei gegenüber loyal sein und Menschen von einer Politik überzeugen, von der ich zum Teil selbst nicht überzeugt bin? Oder darf ich sagen, was mir nicht passt? Nicht nur mich beschäftigt diese Frage. Nach einem Juso-Treffen, beim Bier in einer Kneipe, reden wir darüber. Das Fazit: Wir sollten von nichts überzeugen wollen, wovon wir selbst nicht überzeugt sind. Aber was wir nicht gut finden, sollten wir nicht ansprechen, lieber einen anderen Genossen zu Hilfe holen.

Einen Europawahlkampf zu bestreiten, ist eine undankbare Aufgabe. Weil die Wahl in der Wahrnehmung der Menschen keine Rolle spielt. Die meisten wissen nicht mal genau, wen oder was sie dort eigentlich wählen. Wie die Abgeordneten heißen, gar der Parlamentspräsident? Keine Ahnung. Selbst der Spitzenkandidat der SPD, Martin Schulz, bekam erst einen gewissen Bekanntheitsgrad, als Berlusconi ihn für die Rolle eines KZ-Aufsehers vorschlug. Die Wahlbeteiligung vor fünf Jahren lag bei 45 Prozent, die SPD bekam 30,7 Prozent, die CDU/CSU 48,7 Prozent. Obwohl bis zu 70 Prozent der Gesetzgebung in Brüssel gemacht wird, glauben die meisten Menschen immer noch, das EU-Parlament habe keinen konkreten Einfluss auf ihr Leben. Nur 37 Prozent der Deutschen sind überzeugt, dass ihr Land Vorteile durch die Mitgliedschaft hat, für die EU begeistern können sich nur zwei Prozent, das hat das Eurobarometer ergeben, eine Meinungsumfrage im Auftrag der EU-Kommission.

Hans Eichel sprach bei der Veranstaltung in der Sophie-Charlotte-Oberschule von der Bedeutung der Europawahl, er rief uns Zuhörer auf, wählen zu gehen. »Am 13. Juli.« Wir schauten uns irritiert an, was Eichel wohl gemerkt hat. Er schaute sich fragend um. »Am 12. Juli. Oder Juni?« Jemand rief: »Juni.« Und Eichel korrigierte sich: »Ach, ja, am 13. Juni.« So viel zur Bedeutung der Europawahl.

Die Wahl ist also vielmehr eine innenpolitische Testwahl. Edmund Stoiber macht daraus keinen Hehl, er ruft die Wähler dazu auf, Rot-Grün abzustrafen. Mit Europa hat das nichts zu tun. Am 13. Juni wird sich zeigen, ob die SPD aus dem Stimmungstief herauskommt. Im Moment scheint es, als könnte man sich als Genosse auf den Kopf stellen, die CDU gewinnt eine Wahl nach der anderen, ohne politisch zu überzeugen. »Ich weiß, dass die Wochen bis zum 13. Juni kein

Spaziergang werden«, schreibt Franz Müntefering im Informationsdienst der SPD, »wir werden selbstbewusst klar machen, dass wir die Reformkraft dieses Landes sind.«

Kopf hoch! Wir schaffen das, wir schaffen das, wir schaffen das, wir …

Die Jungen Teams

Auch in diesem Wahlkampf gibt es wieder die so genannten Jungen Teams, Genossen und Nicht-Genossen, die sich bundesweit zusammenschließen, um für die SPD Wahlkampf machen. Es gab sie zum ersten Mal bei der Bundestagswahl 2002. In einer Broschüre wird damit geworben, dass die Jungen Teams die Möglichkeit bieten, »Kontakte zu politischen Entscheidungsträgern und europaweit zu anderen interessierten jungen Leuten zu knüpfen und exklusive Angebote wahrzunehmen. Für alle, die aktiv sein wollen, warten spannende Eindrücke und die Eröffnung neuer Perspektiven.« Zu erkennen sind die Mitgleider der Jungen Teams an ihren blauen T-Shirts mit dem Aufdruck »Europa 04.« Wer glaubt, solche T-Shirts und Jacken stelle uns die SPD als Wahlkampfausrüstung, wie Fußballmannschaften ihre Spieler mit Trikots ausstatten, der täuscht sich: das T-Shirt kostet 14,50 Euro, die Jacke sogar 29,90 Euro. Zu erwerben beim Vertriebsservice der SPD.

Anders als wir in unserem ersten Brainstorming hat die Kampa beschlossen, in diesem Jahr keinen »Volkshochschul-Wahlkampf« zu führen, das heißt, es wird nicht mehr darum gehen, die europäischen Institutionen zu erklären. Dieses Wissen wird vorausgesetzt. Man soll den Wähler ja nicht für dumm verkaufen, ich befürchte aber, dass es vielen so geht wie mir: Ich weiß so gut wie nichts über die Institutionen, weder wie viele Abgeordnete das Parlament hat noch welches die stärkste Fraktion ist. Auch nicht, was es entscheiden kann und was nicht.

Überhaupt fällt mir auf, wie wenig ich über die demokratischen Institutionen weiß. Wie viele Abgeordnete hat der Bundestag? Mit welcher Mehrheit kann der Bundesrat Gesetze ablehnen? Selbst über meine Rechte weiß ich nicht wirklich Bescheid. Irgendwo in meinem Bücherregal steht das Grundgesetz, irgendwer hat es mir einmal geschenkt. Aber mehr, als dass dort die Presse- und Meinungsfreiheit garantiert wird, weiß ich nicht. Anscheinend ist die Demokratie längst so selbstverständlich, dass niemand sich mehr die Mühe macht, sie zu erklären. So etwas wie ein demokratisches Bewusstsein wurde mir in der Schule nicht beigebracht. Über das Dritte Reich haben wir ständig gesprochen, aber nicht darüber, mit welchen Rechten und Pflichten die Demokratie verbunden ist. Eine Ausbildung zum Demokraten habe ich nie bekommen. Hätten wir uns in der Schule so wenig mit dem Rechnen beschäftigt wie mit der Demokratie, ich wüsste heute nicht, wie viel 2+2 ergibt.

Die Themen für den Wahlkampf wurden nach repräsentativen Umfragen ausgewählt: Friedensmacht Europa, Sozialmodell Europa, Deutschland in Europa. Bis vor kurzem lautete die Devise: Kein Wort zur Türkei – dann aber ist der Kanzler hingeflogen und hat die Beitrittsverhandlungen quasi zur Chefsache gemacht. Wahrscheinlich auch, um sich gegen die CDU zu positionieren, die einen Beitritt der Türkei strikt ablehnt, und die türkischen Mitbürger als Wähler zu gewinnen. Meine größte Sorge: Wie soll ich Wahlkampf machen, wenn ich selbst kaum etwas über die Strukturen der EU weiß? Und auch nicht, wofür die SPD steht und wie sie sich von den anderen Parteien abgrenzt?

Die SPD bietet Mitgliedern unter www.spd-online.de jede

Menge Material. Eine Musterrede zum Herunterladen. Vielleicht kann ich ja so mein Umfeld überzeugen: »Liebe Freundinnen und Freunde, liebe Eltern, liebe Menschen, Deutschland liegt ab dem 1. Mai im Herzen des größten einheitlichen Binnenmarkts der Welt und ist ausschließlich von Freunden umgeben. Es liegt auf der Hand, dass wir als weltweit größte Exportnation davon profitieren. Wer die Ängste vor Sozialdumping, Arbeitsmarktkonkurrenz oder Aushöhlung umweltpolitischer Standards benutzt, um Stimmung zu machen und in Wahlstimmen umzumünzen, wie dies einige Oppositionspolitiker tun, vergeht sich an Europa. Und man muss ganz klar festhalten: Es war Gerhard Schröder, der durchgesetzt hat, dass in sensiblen Bereichen – wie zum Beispiel bei der Arbeitnehmerfreizügigkeit – Übergangslösungen gefunden worden sind, die den deutschen Arbeitsmarkt schützen …«

Es gibt auch Argumentationskarten, auf denen europäische Themen und die Ziele der SPD erläutert werden. 21 Karten, beidseitig vierfarbig bedruckt, Kosten: ein Euro.

Ein bisschen fühle ich mich wie vor einer Uni-Prüfung. Ich muss mich einlesen, lernen, vortragen. Aber wie damals siegt auch diesmal meine Faulheit: Irgendetwas wird mir schon einfallen, wenn es so weit ist. Und anders als in der Prüfung, zählen am Stand auch Sympathiepunkte.

Über die Jungen Teams bekomme ich eine Menge Einladungen zu »exklusiven« Veranstaltungen. Im Willy-Brandt-Haus findet ein Generationstag mit Franz Müntefering statt. Ich kann aus einem sehr profanen Grund nicht teilnehmen: Mein Sohn ist krank. In Weimar findet ein Zeltlager statt, zu dem Junge Teams aus ganz Deutschland anreisen. Und Ende Mai wird ein Fußballturnier organisiert, bei dem auch wir im Kreis Nord-Ost eine Mannschaft stellen wollen. Außerdem werden uns 10 000 kostenlose SMS zur Verfügung gestellt. Wir können eine von fünf Wahlbotschaften auswählen und haben gleichzeitig 80 Zeichen für eine private Mitteilung frei. »Gratis SMS an Freunde und Bekannte zu verschicken – das gibt es nur bei uns!«

Während des Parteitags in Bochum haben sich junge Genossen Gedanken über mögliche Wahlkampfaktionen gemacht. 5000 Vorschläge kamen zusammen. Es gibt Listen mit den besten Ideen, aus denen man sich Anregungen holen kann. Per Mail bekomme ich zwei Aktionskonzepte: »Europäische Vielfalt« und »Ostereierverteilung«. Bei der »Europäischen Vielfalt« geht es darum, »frühlingshafte Darstellung der europäischen Vielfalt anhand verschiedener Blumensorten aus den Mitgliedsländern« zu zeigen. Wir sollen Blumen verteilen in Bezirken mit »hohem SPD-Wähleranteil bzw. dort, wo die Wahlbeteiligung niedrig ist«, und so mit den Menschen ins Gespräch kommen. Bei der anderen Aktion geht es darum, europablaue Eier zu verteilen und dazu ein Quiz mit den Menschen zu veranstalten. Wie lange dauert eine Legislaturperiode der Europäischen Parlamente? Wie lauten die vom Europäischen Rat 1993 beschlossenen Kriterien, die ein Land vor seinem Beitritt zur EU erfüllen muss? Ich kann keine dieser Fragen beantworten. Null Punkte! Nachsitzen, Genosse Nicol!

Die Eieraktion zumindest ist ein großer Erfolg. Eine Genossin erzählt, wie sie am 3. April 2004, dem Tag der großen Demonstration gegen Sozialabbau in Berlin, Eier verteilten. Innerhalb kürzester Zeit waren sie Hunderte von Eiern los. Und die Menschen reagierten sehr freundlich. Keine Beschimpfungen! Das erleichtert mich.

Die Schulung

Am Sonntag, dem 4. April 2004 treffen wir Jusos Nord-Ost uns erneut. Ein EU-Experte ist eingeladen und wir haben Referate vorbereitet: »Osterweiterung«, »Türkei«, »Friedensmacht Europa«, »Was bringt die EU im Kreis?« Es ist ein warmer Tag, die Sonne scheint, wir sitzen in der »Kiezkantine« um einen Tisch herum, die Fenster weit geöffnet. Der Experte ist Büroleiter der SPD-Abgeordneten im EU-Parlament. Die Lehrstunde kann beginnen. Anhand von Schaubildern erläutert er uns den Aufbau der EU. 732 Abgeordnete hat das Parlament, davon kommen 99 aus Deutschland. Gewählt wird alle fünf Jahre. Deutschland ist der größte Beitragszahler, zahlt 22 von 100 Euro. Allerdings ist der Betrag in den vergangenen Jahren kontinuierlich zurückgegangen. Was an der Wirtschaftskrise liegt und natürlich – vor allem dies sollen wir den Menschen verkünden – am Verhandlungsgeschick des Kanzlers.

Von der Osterweiterung halten die Deutschen nicht viel. Sie haben Angst, dass Arbeitsplätze verloren gehen und dass Deutschland zum Zahlmeister werden könnte. Aber kein Land wird wie die Exportnation Deutschland von der Osterweiterung profitieren. Der Bundesverband des Deutschen Groß- und Außenhandels erwartet durch die Osterweiterung 500 000 neue Arbeitsplätze in Deutschland.

Ich lerne, dass es zu einfach ist zu sagen, die Deutschen zahlten Milliarden. Ein Teil der Strukturhilfe fließe nämlich wieder zurück ins Land, weil deutsche Firmen beteiligt seien. So werde der Athener Flughafen von der Firma Hochtief gebaut. Auch das Geld für Entwicklungshilfe fließe nicht als Gesamtbetrag ins Ausland. Handelt es sich um Nahrungsmittelhilfe, so würden diese in Europa gekauft, in der Regel würden sie mit europäischen Schiffen transportiert, ein Teil der Hilfe lande folglich bei den europäischen Reedern. Ich lerne: Ausgaben-Einnahmen-Rechnungen sind um einiges komplizierter, als man annehmen könnte.

Dann bekommen wir Antworten auf die Frage: Warum SPD wählen? Alle greifen zu Stift und Papier. Die Umfragen haben gezeigt, dass die Stammwähler besonders auf das Thema »Friedensmacht Europa« anspringen. Die Argumentation ist klar: Die SPD steht für ein friedliches Europa, ist gegen Präventivkriege und gegen Alleingänge. Was wir sagen können: »Mit Merkel als Kanzlerin stünden deutsche Soldaten im Irak.«

Was noch? Die SPD steht für ein soziales Europa, das keine Hire-and-Fire-Gesellschaft ist. Und wenn uns jemand fragen sollte, was denn die SPD schon durchgesetzt habe, dann können wir sagen: europäische Betriebsräte, Arbeitsschutzvorschriften; und dass Mülltonnen Räder haben, ist Folge einer EU-Richtlinie gegen schweres Heben und Tragen. Auch dass Vater und Mutter das Recht haben, nach der Geburt ihres Kindes für drei Monate beruflich auszusetzen, geht auf den sozialdemokratischen Einfluss in der EU zurück. Und dass ab 2009 für Kosmetika keine Tierversuche mehr gemacht werden dürfen, geht sogar auf die Initiative einer der zwei Berliner Kandidatinnen zurück.

Aber damit nicht genug. Den Euro-Skeptikern können wir mitteilen, dass Deutschland die neue Mitte Europas ist und dass die Erweiterung gut ist für den deutschen Export. Außerdem tut die Erweiterung der Umwelt gut und trägt zu einer besseren Kriminalitätsbekämpfung bei. Und wer schimpft, weil die EU-Abgeordneten so hohe Diäten bekommen, dem sei folgendes Dilemma erklärt: Derzeit richten sich die Diäten nach den nationalen Abgeordnetendiäten, was dazu führt, dass ein ungarischer Abgeordneter für die gleiche Arbeit wesentlich weniger bekommt als ein italienischer. Bekämen alle das Gleiche, verdiente der ungarische mehr als sein Regierungschef. Was soll man da machen?

Die Diäten sind ein äußerst beliebtes Thema an jedem Stammtisch. Politiker, so die Meinung, verdienten viel zu viel und würden ja nur in die eigene Tasche wirtschaften. »Es ist nicht lange her, da hast du noch genauso geredet«, sagt meine Freundin, was ich abstreite, weil ich mich im Nachhinein dafür schäme. Aber es stimmt. So habe ich gedacht, bevor ich in die SPD eingetreten bin und eine Ahnung davon bekommen habe, wie lang der Arbeitstag eines Politikers ist, was er alles über sich ergehen lassen muss und wie viele Tausend ehrenamtliche Stunden er hinter sich gebracht hat, bis er überhaupt in ein bezahltes Amt kommt. Und dann beziehen sie Gehälter, über die Wirtschaftsbosse und Fernsehsternchen nur lachen würden.

Was machen wir, wenn die Leute immer noch nicht wählen wollen? Dann können wir auch auf den unmittelbaren Einfluss der EU verweisen. Zwischen 2002 und 2006 hat allein Berlin 1,3 Milliarden Euro aus verschiedenen europäischen Fonds erhalten. In unserem Stadtteil wurden damit Schulen saniert und Quartiersmanagements in verschiedenen Kiezen finanziert.

Spätestens jetzt wird nichts mehr schief gehen.

Der 1. Mai 2004 ist ein historischer Tag – zehn neue Länder treten der EU bei. Auf einmal gehört der Osten dazu und die europäischen Bande reichen bis nach Litauen. Als ich Abi machte, war das noch undenkbar. Die ganze Schulzeit hindurch war der Ostblock eine Bedrohung, ein Feind. Und jetzt kann ich mich ins Auto setzen und ohne Pass oder Visum bis ins Baltikum fahren. In zehn Jahren wird das so selbstverständlich sein wie Urlaub in Spanien oder Griechenland – das ist für mich eine große politische Leistung, vielleicht die größte des Jahrhunderts.

Meine Eltern haben, wenn auch sehr jung, den Krieg erlebt, für mich ist es schon völlig undenkbar, dass sich Deutschland mit Frankreich, England oder Polen bekriegen könnte. Ich war keine zehn Wochen alt, da war ich zum ersten Mal mit meinen Eltern im Urlaub auf Las Palmas, ich kenne niemanden meines Alters, der nach dem Abi nicht per Interrail durch Europa gereist wäre, es sei denn, er verbrachte seine Jugend im Osten Deutschlands. Für uns Westler war es so selbstverständlich, als führen wir nach Hamburg oder Köln. Die meisten waren auch schon mal als Erasmus-Studenten in Paris, Brüssel oder Madrid, haben spanische, englische oder italienische Freunde. Europa ist für mich längst mehr als ein ideelles Gebilde: Es ist Alltag. Und ich kann nicht verstehen, dass es Menschen gibt, denen Europa egal ist oder die Angst vor Europa haben.

Für die zehn Neuen veranstaltet unser Juso-Verband eine Willkommensparty in einem alten Jugendstil-Stadtbad – mit DJ, Live-Bands, Buffet und Grill-Station. Eine Woche vorher müssen noch die letzten Dinge organisiert werden. Katja, die alle Fäden in der Hand hält, lässt Listen herumgehen. Es wird noch Hilfe für das Auf- und Abbauen gebraucht, außerdem müssen noch Speisen für das Buffet angerichtet und 3000 Flyer verteilt werden. Ich melde mich für den Aufbau. Das Wochenende wird ganz im Zeichen der SPD stehen. Am Freitag, dem 30. April die »Nacht der Europäer«, am nächsten Tag das Kinderfest, das jedes Jahr stattfindet und von meiner Abteilung organisiert wird. Genosse Nicol in Diensten der Partei. Am Freitagnachmittag dekoriere ich das Schwimmbad mit Plakaten, helfe beim Luftballonaufblasen. Eine Heliumflasche steht bereit, und im Gegensatz zu mir sind die Genossen schon richtig geübt: Zwei, drei Handgriffe und die Ballons schweben prall über dem Boden. Ausgerechnet die roten Ballons scheinen allerdings leicht porös, so dass die Enden beim Knotenbinden oft abreißen.

Ein wenig nervös sind wir, weil die Party viel gekostet hat und niemand weiß, wie viele Leute kommen werden. Es gab schon mal ein Fest, das damit endete, dass die Genossen den Getränkevorrat selbst leeren mussten.

Dieses Fest aber wird gut. Fast 600 Menschen kommen und feiern und tanzen, während draußen Autonome und Polizisten sich ihre traditionelle Schlacht zum 1. Mai liefern.

Am nächsten Morgen um neun Uhr muss ich aufstehen. Ich habe eine wichtige Aufgabe übernommen: Ich bin für den Transport der Hüpfburg und der Torwand zuständig, die Hauptattraktionen auf dem Kinderfest. Ich fahre durch die halbe Stadt, zwei große Plastikknäuel und zwei strombetriebene Luftpumpmaschinen im Kofferraum.

Das Kinderfest findet in einem kleinen Park statt. Bei gutem Wetter sitzen hier die Schnapsnasen des Viertels auf den Bänken und langweilen sich durch den Tag. Als ich vorfahre, um die Burg auszuladen, grölen sie: »Die roten Socken sind wieder da.« Ich tue so, als hätte ich nichts gehört. Und merke gleichzeitig, wie empfindlich ich bin: Es ärgert mich, dass sie sich lustig machen über mein Engagement. Ich tue wenigstens etwas!, möchte ich ihnen zurufen. Und ihr? Was ist euer Beitrag für die Gesellschaft? Aber ich lasse es. Ein Dasein als Politiker würde ich wohl kaum durchstehen. Wenn mich schon zwei pöbelnde Alkoholiker verunsichern.

Meine Freundin macht Witze auf meine Kosten. Sie nennt mich »Ritter der Hüpfburg«. Und sagt: »Na, mein Ritter, alles klar?«

Wenigstens die Kinder danken es mir: die Hüpfburg ist an diesem Nachmittag der Knüller. Neben dem Helium. Anfangs taten mir die Kinder noch Leid. Es ist bestimmt nicht leicht im Leben, dachte ich, mit so einer Mickey-Mouse-Stimme. Bis mir klar wurde, dass sie die ganze Zeit das Helium aus den SPD-Ballons inhalierten. Ich wusste nicht, dass so etwas funktioniert, dachte, dass wäre eine Erfindung aus Zeichentrickfilmen.

Der Albtraum

Es sind nur noch wenige Wochen bis zur Wahl, aber die Euphorie für den Wahlkampf scheint sich in Grenzen zu halten. Ich bekomme eine Rundmail, mit der der Landesverband der Jusos eine Veranstaltung absagt, auf der weitere Aktivitäten geplant, koordiniert und vorgestellt werden sollten. Es haben sich aber nur vier Teilnehmer angemeldet. »Ich weiß«, steht in der Mail, »dass für viele Europa und erst recht der Europawahlkampf kein wichtiges Thema ist. Aber wenn wir linke Politik umsetzen wollen, bringt es nichts, das nur in Berlin zu machen. 70 Prozent unserer Gesetze werden in Brüssel vorbereitet und entschieden. Die CDU hat bisher jede einzelne Europawahl gewonnen, weil wir nicht fähig sind, unsere Mitglieder für den Wahlkampf, geschweige denn unsere Wähler für die Wahl zu mobilisieren.«

Im Informationsdienst der SPD steht: »Entscheidender Faktor für unseren Erfolg bei der bevorstehenden Europawahl ist die Mobilisierung eigener Parteisympathisanten.« Außerdem sei »in der von der SPD erreichbaren Wechselwählerschaft der Anteil der politisch weniger Interessierten besonders hoch«. Fast 50 Prozent. Fazit: »Es wird immer wichtiger, potenzielle Wählerinnen und Wähler in den letzten Tagen anzusprechen.«

Am 4. Mai 2004 klingelt das Telefon. Ob es richtig sei, dass ich mich am Wahlkampf beteiligen wolle, fragt eine Frau vom SPD-Vorstand. »Ja«, sage ich. Am Freitag sei der offizielle Wahlkampfauftakt in Erfurt, an dem auch der Kanzler teilnehme. Ein Bus werde am Morgen vom Willy-Brandt-Haus nach Erfurt fahren. Es seien noch Plätze frei. Und es wäre schön, wenn ich mitführe. Freitag ist der 7. Mai 2004. Da bekommen wir Besuch und am Vorabend bin ich auf ein großes Fest eingeladen. Ich muss mich entscheiden: Privatvergnügen oder Parteiarbeit. Dass ich dieses Konflikts wegen schlaflose Nächte habe, wäre zu viel gesagt. Aber ich denke immer wieder darüber nach – und entscheide mich letztlich für das Privatvergnügen. Danach fühle ich mich, als hätte ich die Genossen in einer schwierigen Situation im Stich gelassen.

Der Kanzler nimmt es mir übel. Bevor ich ins Bett gehe, zappe ich noch einmal durch die Fernsehprogramme und sehe im Nachtjournal Bilder aus Erfurt. Es regnet, auf der Bühne steht der Kanzler, vor ihm nur eine Hand voll Zuschauer, so wenige, dass ich mich an meinen schlimmsten Auftritt erinnert fühle, als zu einer Lesung von mir drei Leute kamen. Martin Schulz, der Spitzenkandidat, erfahre ich später, verpasste den Termin in Erfurt sogar ganz, weil er im Stau stand. Was für ein Wahlkampfauftakt!

In der Nacht faltet mich der Kanzler zusammen. Er brüllt mich an, was mir einfalle, es gehe hier ums Land und nicht um einen netten Abend mit Freunden. Ich sei schuld, wenn wir die Wahl verlören. Ich! Meine Freundin weckt mich und fragt, was los sei. Offenbar habe ich im Schlaf quiekende Laute von mir gegeben. »Ein Albtraum«, sage ich und habe seitdem richtig Angst vor dem Kanzler.

Dafür hänge ich mich bei der nächsten Wahlkampfaktion richtig rein, so sehr, dass ich anschließend drei Tage kaum laufen kann, weil mir jeder Muskel schmerzt. Der Juso-Landesverband hat ein Fußballturnier organisiert, für das sich Mannschaften anmelden konnten. Nach dem Motto: Kicken für Europa. Es findet am Samstag, dem 22. Mai 2004 statt. 24 Mannschaften nehmen teil. Eine davon sind wir: Dynamo Nord-Ost. Wir sind ein Team, das außer Konkurrenz spielt. Es war gar nicht leicht, aus unserem Verband sechs Spieler zu rekrutieren. Drei von den sechs treten an diesem Tag zum ersten Mal gegen einen Ball. Insofern endet der Tag nach fünf Gruppenspielen mit zwei großen Rätseln, die niemand zu erklären vermag. Das eine: Wie konnte es passieren, dass wir ein Spiel gewonnen haben? Mit 2:1! Das andere: Wie konnte es passieren, dass wir als einzige Mannschaft zwei Tore gegen das Team geschossen haben, das alle anderen quasi vom Platz gefegt hat?

Der Ball ist rund und Wunder geschehen. Auch wenn es nichts daran ändert, dass wir Letzter werden, weil wir auch noch gegen die Betriebsfeuerwehr von Daimler, eine Altherrengruppe, 0:5 verlieren. Zumindest aber kann mir keiner vorwerfen, ich hätte mich im Wahlkampf nicht verausgabt. Schon nach zehn Minuten hatte ich den Geschmack von Blut im Mund und war mir sicher, dass ich bald schon meine Lunge aus dem Körper husten würde. Aber ich hielt durch. Bis zur letzten Minute.

Begegnung: Marco Bülow

Wir sitzen in der Bundestagskantine. Es ist Mittagszeit. Marco hat eine Stunde Zeit, bevor er wieder ins Plenum muss zur nächsten Abstimmung. Marco ist 33 und der Freund eines Freundes. Seit der Bundestagswahl 2002 gehört er zur Fraktion der SPD. Er kommt aus Dortmund, hat dort die Juso-Hochschulgruppe mitgegründet, war stellvertretender Asta-Vorsitzender, Juso-Vorsitzender, jüngstes Mitglied des Dortmunder SPD-Vorstands und jetzt, nach einer zehnjährigen Ochsentour, ist er im Bundestag angekommen. Er hat vier Leute, die für ihn arbeiten, ein schönes Büro, kann jederzeit den Fahrdienst nutzen, genießt Immunität – und bekommt im Jahr rund 1,5 Tonnen Papier auf den Tisch. Marco, so scheint es, arbeitet rund um die Uhr, in den Sitzungswochen in Berlin, sonst im Dortmunder Wahlkreis – den Termin mit ihm habe ich vor mehr als einem Monat ausgemacht.

Ich habe Marco bislang einmal kurz erlebt, vor eineinhalb Jahren bei einer Lesung. Damals war er gerade frisch in den Bundestag eingezogen. Und mein Freund stellte ihn mir vor. Ich habe ihn als einen sehr offenen, nachdenklichen Menschen in Erinnerung. Jetzt, eineinhalb Jahre später, sitzen wir uns wieder gegenüber, essen Nudeln und sprechen über seine Erfahrungen mit der SPD. Ich weiß, dass Marco seine Probleme hat mit der derzeitigen Regierungspolitik, es fiel ihm auch nicht leicht, für die Agenda 2010 zu stimmen. »Wir haben es nicht hinbekommen«, sagt er, »eine soziale Balance zu schaffen. Die Menschen mit starken Schultern wurden zu wenig beteiligt.«

Wenn ihm etwas nicht passt, sagt er es. Aber intern, in der Fraktion. Wobei ihm eines klar ist: Wenn die Mehrheit etwas beschließt, wie die Gesundheitsreform oder die Agenda 2010, dann ist Marco loyal. Und fügt sich.

Er ist sich sicher, in der richtigen Partei zu sein. Er hat sich sehr mit der Geschichte der SPD beschäftigt, mit Bebel und Brandt, und es habe immer schon Entscheidungen gegeben, die er »zum Kotzen fand«. Den Entschluss, mit in den Ersten Weltkrieg zu ziehen, den Asylkompromiss, den Lauschangriff. »Aber ich versuche, das große Ganze zu sehen.« Und da ist die SPD immer noch die Partei, die seinen Idealen am nächsten kommt: Solidarität und soziale Gerechtigkeit.

Sein politisches Engagement, sagt er, habe schon zu Schulzeiten angefangen, mit 14. Er war Schülersprecher, außerdem in der Greenpeace- und der Amnesty-AG. Als Student kam er dann zur SPD. Ob er damals schon daran gedacht habe, irgendwann im Bundestag zu sitzen? »Nein«, sagt er, »aber irgendwann fängt man an, eine solche Karriere nicht mehr auszuschließen. Wenn man heute anfängt, sich in der Partei zu engagieren«, sagt Marco, »und nicht nur zu den Sitzungen geht, auf denen Posten vergeben werden, dann kommt man gar nicht mehr darum herum, irgendwann auch wichtige Funktionen zu übernehmen.«

Er erzählt von einem Genossen aus Dortmund, der schon nach einem halben Jahr für die Ratswahl aufgestellt wurde. Und das in einem Verband mit 12 000 Mitgliedern! Vor fünf Jahren, sagt Marco, wäre das noch undenkbar gewesen. Die Partei hat Probleme, die Zahl der Mitglieder nimmt ab – und so gibt es zwangsläufig immer weniger Genossen, die bereit sind, Ämter und Funktionen zu übernehmen. Die Generation, die jetzt an der Macht sei, sagt Marco, mache viele Fehler, was die Zukunftspolitik angeht. Es fehle die Nachhaltigkeit, die Generationengerechtigkeit, und deswegen sei es gerade jetzt besonders wichtig, dass junge Menschen den »Mund aufreißen« und auch Druck ausüben.

Das Argument, man könne eh nichts ändern, lässt er nicht gelten. Natürlich seien demokratische Prozesse sehr schwierig und eine Menge bleibe auf der Strecke. Aber es gebe Fachbereiche, in denen man viel verändern könne. Er selbst ist Sprecher der SPD-Fraktion für den Bereich Erneuerbare Energien. Und er könne dafür sorgen, dass diese eine größere Rolle in der Regierungspolitik spielen.

Ich erzähle Marco von meiner Angst vor dem Wahlkampf und frage ihn, wie er damit umgeht, wenn ihn Wähler beschimpfen. »Kritik, von der ich selber finde, dass sie berechtigt ist, trifft mich sehr«, sagt er. Und dann wird seine Stimme leiser. Er hat im Bundestagswahlkampf 2002 Versprechen abgegeben, von denen die Regierung vermutlich schon wusste, dass sie nicht eingehalten würden. Was die Verschuldung des Staates anging oder auch die Notwendigkeit von Sozialreformen. »Da haben wir den Leuten bewusst etwas vorgemacht«, sagt er, »und das ist übel, die Leute beschweren sich zu Recht.« Für ihn ist das Gefühl, von der Parteispitze instrumentalisiert worden zu sein, die größte Enttäuschung. So etwas will er nicht noch einmal mitmachen: »Ich kann nur sagen, wofür ich mich selber einsetzen werde und was die Partei bis dahin erreicht hat. Ich werde aber keine Gewähr mehr dafür geben, was das künftige Regierungshandeln angeht.«

Solche Gewissenskonflikte mögen auch damit zusammenhängen, dass die Menschen sehr hohe Erwartungen an Politiker haben. Ein Abgeordneter müsse eine Art Superman sein, sagt Marco, einer, der alles weiß, alles kann und alles möglichst sofort erledigt, einer mit einem Hundertstundentag. Dieser Anspruch der Bürger ist seiner Meinung nach auch eine Folge der Tatsache, dass Politiker immer den Eindruck vermitteln wollen: Wir machen das, wir kriegen das schon hin! Eigentlich, sagt Marco, dürften Politiker nie sagen: Wir reduzieren die Arbeitslosigkeit. Weil sie das allein nicht schaffen können.

»Wenn ich bei Veranstaltungen mal sage: Davon habe ich keine Ahnung, dann ernte ich mehr Beschimpfungen als Verständnis.« Dabei ist das sogar die Regel: Bei neun von zehn Abstimmungen im Bundestag weiß er als Abgeordneter kaum, worum es eigentlich geht. Es wäre auch unmöglich, sich in jedes Verfahren einzulesen. In solchen Fällen muss er sich auf die Fachleute in der Partei verlassen.

Marco war von Anfang an oft in den Medien. Unter anderem freitags im »Bericht aus Berlin«, als einer von vier jungen Abgeordneten, die über einen längeren Zeitraum begleitet wurden. Der Zwang, in den Medien aufzutauchen, sei groß, sagt er. »Wenn ich mal ein paar Wochen nicht in den Medien bin, dann heißt es im Wahlkreis schnell: Man sieht dich nicht mehr, machst du nichts mehr?« Dabei ist die schlichte Präsenz wichtiger als jedes Argument. »Ich bekomme«, sagt Marco, »nach Fernsehauftritten die meisten Rückmeldungen darüber, welches Hemd ich anhatte.«

Dann schellt es, wie zu Schulzeiten, wenn die Pausen vorbei waren. Marco muss los. Sein Büroleiter drückt ihm eine Mappe mit Papieren in die Hand. »Da sind noch sieben weitere«, sagt er. Marco atmet tief durch.

Wie die Partei mich im Regen stehen lässt

Am Donnerstag, dem 20. Mai 2004, werde ich in die Technik des Plakatierens eingeführt. Erst werden die Plakate auf dicke Pappen geklebt, am Abend ziehen wir zu dritt durch unser Viertel und hängen sie an den Straßenkreuzungen auf. Wir verwickeln sie mit Draht an den Stangen von Verkehrsschildern oder Laternen. Mehr als dreißig Plakate verteilen wir im Viertel. Ich schaue mich jedes Mal etwas verschämt um. Aber warum? Das genau meinte Müntefering, als er sagte, wir sollten selbstbewusst auftreten. Und Alexander Götz, der stellvertretende Kreisvorsitzende, der mir sagte: »Wenn du mit Selbstzweifel an den Infostand trittst, bist du geliefert.« Wovor habe ich eigentlich Angst? Dass sich Menschen lustig machen über mich. Ja, und? Es ist schon seltsam, würde ich Plakate für den Tierschutz oder die Kinderhilfe aufhängen, wäre ich vielleicht sogar stolz, weil ich wüsste, die meisten Menschen hielten das für eine gute Sache. Vielleicht betreibe ich auch etwas zu viel Selbstkasteiung. Noch bin ich ja von niemandem, außer den Schnapsnasen, beschimpft oder angepöbelt worden. Und auch an diesem Abend gehen die Menschen vorbei, ohne irgendeine spöttische Bemerkung zu machen. Eine Frau lächelt mich sogar an und sagt: »Das nenne ich Engagement!«

Die Halbwertszeit unseres Engagements ist allerdings stark begrenzt. Einige der Plakate überstehen nicht einmal die erste Nacht. Und nach einer Woche hängen nur noch vereinzelte. Ich frage mich, wer sich die Mühe macht, diese mit Draht festgezurrten Plakate abzunehmen? Die Konkurrenz von der

PDS? Verärgerte Anwohner? Oder einsame Männer? Was ich am ehesten ausschließen würde, weil die beiden Berliner Kandidatinnen nicht gerade aussehen wie H&M-Unterwäschemodels.

Als ich am Samstag, dem 5. Juni 2004 aufwache, spüre ich eine leichte Nervosität, so wie früher, wenn ich wusste, dass eine Klausur anstand. Heute muss ich auf die Straße, im Auftrag der Partei – und Menschen bekehren, sie von der Wichtigkeit der Europawahl überzeugen und davon, dass es für uns alle das Beste ist, wenn sie SPD wählen. Mir ist auf einmal so heiß. Ich fasse mir an die Stirn – kein Fieber. Leider. Auch der Himmel leistet mir keinen Beistand. Statt die Menschen mit Sonne zu bestrahlen und ihnen gute Laune zu bereiten, ist er verhangen und grau. Es ist nur eine Frage der Zeit, bis der erste Regen fällt.

Ich muss den Infostand abholen, der im Keller eines Genossen lagert, dazu jede Menge Broschüren, Lutscher, Fotos von den Kandidatinnen und vier Kisten voller Notizblöcke mit deren Namen. Das alles sollen wir unter die Menschen bringen.

Vor dem Supermarkt in unserem Viertel bauen wir den Stand auf, der besteht aus einem kleinen Tapeziertisch und einem roten Sonnenschirm mit SPD-Logo. Wir sind zu viert, und für uns alle ist es der erste Straßenwahlkampf. Aber im Gegensatz zu mir haben die anderen keinen Bammel. »Wird bestimmt lustig«, sagt Svenja, unsere stellvertretende Abteilungsvorsitzende, die sich vor einigen Wochen das Kreuzband gerissen hat und mit geschientem Knie für die Partei im Einsatz ist.

Wir teilen uns auf, weil der Supermarkt zwei Eingänge hat. Ich nehme einige Broschüren und stelle mich zusammen mit Svenja vor den anderen Eingang. Es ist zehn Uhr. Und noch kaum etwas los. Wir nehmen uns vor, die Leute erst beim Verlassen des Supermarktes anzusprechen.

Die Wolkendecke wird immer dichter.

Dann kommt mein erstes Opfer: ein Mann, Mitte 30, Halbglatze und in schwarzer Lederhose, eine Einkaufstüte in der Hand. Svenja nickt mir zu. Wird schon! Wie soll ich anfangen? Mit welchem Satz? Der Mann will gerade an mir vorbeigehen, da sage ich: »Darf ich dich für Europa begeistern?«, und versuche gute Laune auszustrahlen.

Er bleibt zögernd stehen, schaut mich an.

»Am Sonntag ist Wahl«, sage ich. Er schaut mich immer noch an.

»Wir sind von der SPD«, sage ich.

»Da kann ich dir auch nicht helfen«, sagt er und geht weiter. Habe ich ihn überzeugt?

Die nächsten potenziellen Wähler gehen einfach vorbei, wortlos oder sie nuscheln ein »Nö«, so wie auch ich schon hundertmal vorbeigegangen bin, wenn mir Leute Flyer für die Neueröffnung eines Nagelstudios oder einer Döner-Bude in die Hand drücken wollten. Was mir im Nachhinein Leid tut. Wenigstens lächeln sollte man, wenn man schon nichts wissen will über Döner oder die SPD. Ist das denn so schwer?

Die alte Frau, die als Nächstes auf mich zukommt, schaut so freundlich in die Welt wie Wladimir Putin, wenn er über Tschetschenien redet. Ich spreche sie dennoch an. »Kann ich Sie für …« Sie winkt mit einer Hand ab, ohne mich anzusehen. Geht einfach weiter. Grummelt vor sich hin. Das einzige Wort, das ich verstehe: »Arsch.« Und ich weiß nicht, ob sie mich oder den Kanzler meint.

Ein Mann gibt uns den Tipp, Schröder zu erschießen. Ein einziger Mann fängt eine Diskussion an. Auf seinen Stock gestützt, wettert der Alte: »Wieso soll ich wählen? Damit die sich da oben in die eigene Tasche wirtschaften?« Svenja sagt: »Sie haben da ein falsches Bild, würden wir sonst hier stehen und uns engagieren?«

»Sie meine ich nicht, Sie halten nur Ihren Kopf hin«, sagt er.

»Was passt Ihnen denn nicht?«

»Dass dieser Ortsteil Pankow heißt.«

Vor einigen Jahren wurden die Berliner Bezirke neu geordnet und Prenzlauer Berg, Weißensee und Pankow unter dem Namen Pankow zusammengefasst.

»Was stört Sie an Pankow?«

»Das war zu DDR-Zeiten das Pankower Regime.«

Damit sind wir jungen Westler überfordert, wir kennen nur den Sonderzug nach Pankow.

»Aber deswegen können Sie doch zur Europawahl gehen.«

»Damit die Herren da oben sich weiterhin bedienen? Nein, danke.«

Diskussionen dieser Art führen zu nichts, eigentlich war das schon nach dem ersten Satz klar. Aber wir haben es versucht. Immerhin.

Der alte Mann bleibt der Einzige an diesem Tag, der überhaupt mit uns redet. Wenn wir jemandem eine Broschüre mitgeben können, sind wir schon froh.

Dann fängt es, wie erwartet, an zu regnen. Und alles wirkt noch trostloser. Auf einmal kann ich verstehen, warum Politiker so gern im Fernsehen sind. Dort regnet es nicht, und sie erreichen Millionen Mal mehr Menschen, ohne ihnen leibhaftig begegnen zu müssen.

Kurz vor zwölf bekommen wir Konkurrenz. Die PDS baut ihren Schirm neben unserem auf. Auch in Rot. Zwei Männer kommen an unseren Stand, begrüßen uns. Wir tauschen Broschüren aus, wie Fußballer Wimpel vor dem Spiel. »Schön, dass ihr da seid«, sagt der eine, »dann kriegen wir die Prügel nicht allein ab.«

Dann stehen wir zusammen unter dem Vordach des Supermarktes. Wenn Leute herauskommen, sprechen wir sie nacheinander an. Der Mann von der PDS sagt, das Viertel sei für sie schwieriger geworden, nachdem so viele junge Menschen aus dem Westen her gezogen seien. Und als ich von unserer Erfahrung berichte, dass es vorwiegend die Alten seien, die uns anmaulten, sagt er: »Das ist doch klar, denen geht es zurzeit besonders an den Kragen. Die Jungen werden es erst später merken, wenn sie keine Renten mehr bekommen.«

Allmählich wird es kalt, mein Hemd klamm. Wir beschließen, noch eine Broschüre unters Volk zu bringen, die letzte – aber als das nach zehn Minuten nicht klappt, packen wir ein. Was haben wir in den zwei Stunden erreicht? Etwa 15 Broschüren bin ich losgeworden. Die meisten Leute aber wollten nichts von uns wissen. Und wie viele von ihnen werden SPD wählen? Ein gutes Gefühl hatte ich bei keinem. Der PDS-Mann sagt, es gehe nicht um das Verteilen von Broschüren, sondern um die Präsenz. Dass die Menschen merken, es gibt noch welche, die sich für eine Sache in den Regen stellen, das sei das wichtige Signal!

Aber selbst das kommt nicht bei jedem an. Am nächsten

Tag spreche ich mit einem Freund, der in der Nachbarschaft wohnt. Ich erzähle ihm vom Wahlkampf.

»Vor dem Supermarkt?« fragt er ungläubig, »zwischen zehn und zwölf Uhr?«

»Ja«, sage ich.

»Komisch«, sagt er, »ich war da einkaufen, ihr seid mir aber gar nicht aufgefallen.«

Was bleibt? Die Erkenntnis, dass SPD-Schirme nicht wasserfest sind, es regnet durch sie hindurch. Und dass die SPD keine Ahnung von Fußball hat. In den kleinen EM-Spielplänen, die wir verteilt haben, gehören Spieler wie Frank Rost, Marco Rehmer, Tobias Rau, Michael Hartmann und Benjamin Lauth zum deutschen Aufgebot. Spieler, von denen schon seit Monaten niemand mehr spricht.

Wie will man in einem Land, in dem sogar freundschaftliche Gurkenspiele von acht Millionen Menschen geschaut werden, mit so wenig Kompetenz in Sachen Fußball eine Wahl gewinnen?

Der schwarze Sonntag

Nach dem Frühstück, gegen zehn Uhr, gehe ich wählen. Das Wahllokal ist in einer Schule, etwa 300 Meter entfernt. Es nieselt. Die Schule wirkt an diesem Sonntag, dem 13. Juni 2004, wie verlassen, nicht wie zuletzt bei der Bundestagswahl, als Menschen im Flur standen, sich unterhielten, als es dauerte, bis ich meinen Wahlzettel bekam, weil vor mir noch andere standen. Dieses Mal komme ich gleich an die Reihe. Ich bin der einzige Wähler. Es ist Europawahl – und keiner geht hin.

Die Wahlbeteiligung wird bei 43 Prozent liegen. Das heißt: 57 Prozent der wahlberechtigten Deutschen ist es egal, wer im Europaparlament sitzt und die Gesetze macht, die auch für Deutschland gelten. Ist es Gleichgültigkeit? Frust? Ahnungslosigkeit? Das Wetter?

Das Gute am Dasein als Genosse: Ich muss nicht mehr darüber nachdenken, was ich wähle. Nicht weil mich die SPD in den vergangenen acht Monaten rundum überzeugt hätte, sondern weil ich mich ihr durch meine Mitgliedschaft verbunden fühle und es absurd fände, mich in der Partei zu engagieren und dann eine andere Partei zu wählen. Als würde ich für Werder Bremen spielen und dann in der entscheidenden Partie vorsätzlich ein Eigentor schießen. Das würde ich nicht übers Herz bringen.

Auch wenn mein Selbsttest bei www.wahlomat.de mich als »grünen« Wähler geoutet hat. Bei dreißig Thesen wie »Die Türkei soll in die EU aufgenommen werden«, »Die Beitragszahlungen Deutschlands an die EU müssen gesenkt werden« oder »Die Wasserversorgung soll privatisiert werden« hatte ich die Wahl zwischen »stimme zu«, »neutral«, »stimme nicht zu« und »Enthaltung« – das Ergebnis: Größte Übereinstimmung mit Bündnis 90/Die Grünen, zweitgrößte Übereinstimmung mit der PDS und dann erst mit der SPD. Meine Freundin hatte das gleiche Ergebnis. Anders als ich hat sie aber auch Grün gewählt – per Briefwahl, bevor sie in Urlaub gefahren ist. Sie hat es mir beim Frühstück gesagt, ganz nebenbei: »Übrigens, ich habe Grün gewählt. Ich hoffe, du nimmst es mir nicht übel.«

Ich habe versagt. Ich bin auf die Straße gegangen, um fremde Menschen für die SPD zu überzeugen, und was passiert zu Hause? Die Frau, mit der ich seit sechs Jahren zusammenlebe und mit der ich ein Kind habe, wählt Grün. Nächstes Mal werde ich einen Partnerwahlkampf betreiben: mit Fußmassagen, Kochen, Abspülen und kleinen Geschenken.

Am Abend fahre ich ins Willy-Brandt-Haus zur Wahlparty. Beziehungsweise Trauerfeier. Die findet im fünften Stock statt. Und als ich kurz vor 18 Uhr eintreffe, laufen bereits die Fernseher. Es wimmelt von Journalisten. Deren Zahl übersteigt die der Genossen ums Fünffache. Die Kameraleute versuchen unser Leid einzufangen, nachdem die erste Hochrechnung bekannt wird. In Europa verliert die SPD neun Prozentpunkte und kommt auf 21,5, die CDU/CSU verliert auch, allerdings nur vier Prozentpunkte, und erreicht 44,5. Die Landtagswahl in Thüringen endet ähnlich katastrophal. Die SPD verliert vier Prozentpunkte und kommt auf 14,5, die CDU verliert acht Prozentpunkte und erreicht 43, verteidigt aber ihre absolute Mehrheit – ein schwarzer Sonntag.

Generalsekretär Klaus Uwe besteigt das Podium, stellt sich hinter eines der Mikros vor die blaue Wand mit dem SPD-Logo und sagt: Das Ergebnis sei nicht zu beschönigen, es sei eine klare Niederlage, ein bitteres Ergebnis. Er bedankt sich bei all denen, »die aufopferungsvoll gekämpft haben«. Und erntet Beifall. Wenn schon von den Wählern kein Trost kommt, dann tröstet man sich eben selbst.

Dass der Wahlausgang mich kalt lässt, wäre eine Lüge. Im ersten Moment ist mir fast zum Heulen zumute. Ich war nicht so naiv, an einen Wahlsieg zu glauben, aber mit einem leichten Zuwachs hatte ich gerechnet. Ein bis zwei Prozent vielleicht. Aber nicht so ein Absturz. Als ich meine Freundin im Urlaub anrufe und ihr von der Wahl berichte, sagt sie: »Du hast ja eine ganz belegte Stimme, du Armer!« So ging es mir zuletzt, als Werder Bremen im UI-Cup 0:4 gegen Pasching verloren hatte.

Fühle ich mich der Partei doch viel näher als ich denke? Vielleicht identifiziert man sich erst mit einer Partei, wenn der Gegner ins Spiel kommt – Identifikation als Abgrenzung sozusagen?

Ich stelle mir vor, was ich an Stelle von Klaus Uwe gesagt hätte: »Liebe Genossen, das war wohl nichts. Freut euch auf das Spiel heute Abend. Frankreich gegen England. Das kann nur besser werden …«

Mein Trauergesicht ist wohl einem Reporter aufgefallen, auf einmal steht er mit seinem Kameramann vor mir und will mich fragen, wie ich mich fühle. Aber zum Glück springt Fabian ein, den ich aus meinem Juso-Kreis kenne. Er sagt, das sei schlimm und er frage sich, warum er überhaupt noch Wahlkampf mache … Den Rest bekomme ich nicht mehr mit. Ich verlasse den Raum und stelle mich vor einen der Fernseher, auf dem die Europameisterschaft übertragen wird, das

Spiel Kroatien gegen die Schweiz. Es steht 0:0. Kaum, dass ich vor dem Fernseher stehe, werde ich wieder gefilmt. Ich kann mir den Text für die Bilder schon denken: Enttäuschte Genossen suchen Ablenkung …

Um 20.30 Uhr ist der Raum, in dem eben noch Klaus Uwe das Debakel kommentierte, wie ausgestorben. Wer von den Genossen nicht in Kneipen geflüchtet ist, sitzt in einem Nebenraum vor dem Fernseher. Das große Spiel: Frankreich gegen England. Bis zur 90. Minute liegen die Franzosen zurück und machen dann in der Nachspielzeit zwei Tore. Als Franz auf dem Parteitag in Berlin uns Genossen aufrief zu kämpfen, sagte er: »Manches Tor wird in der 90. Minute geschossen.«

Aber dafür braucht man in diesen Zeiten schon einen Zinedine Zidane und keinen »Acker« Schröder.

»Wen wollt ihr begeistern?«

Eine Woche später, am 22. Juni 2004, trifft sich meine Abteilung zur letzten Sitzung vor der Sommerpause. Wir haben Gäste eingeladen, drei Journalisten von der »Frankfurter Allgemeinen Sonntagszeitung«, der »Zeit« und der ARD, die erzählen sollen, wie sie die SPD derzeit sehen. Einer prophezeit ihr das Ende als Volkspartei, für den anderen ist die Krise nur eine Phase. Der Partei fehle das Personal, gute, fähige Politiker der Generation nach '68. Sie müsse sich vom Mief der 70er Jahre verabschieden und sich überlegen, was sie in Zukunft unter dem Begriff »Soziale Gerechtigkeit« verstehen wolle, dieser Begriff sei nach wie vor das Kapital der SPD. Das gelte auch für die Gewerkschaften, sie sollten sich, statt auf dem Flächentarif zu beharren und für den Kündigungsschutz zu kämpfen, lieber für einen gesetzlichen Mindestlohn einsetzen. Eineinhalb Stunden dauert die Diskussion, bis am Ende einer der Journalisten zu uns sagt: »Ihr wirkt alle so geknickt. Ihr lasst alle die Köpfe hängen, wie wollt ihr mit so einer Einstellung andere Menschen begeistern?« Er sagt auch, es sei doch nicht alles schlecht und dass diese Krise auch eine Chance sein könne, die Partei von Grund auf zu erneuern. Und das sei die Aufgabe der Jungen.

Eineinhalb Stunden haben wir über die SPD diskutiert und keiner von uns hat sich für sie ins Zeug geworfen, sie verteidigt. Um ein allerletztes Mal den Fußball zu bemühen: Als Fan steht man zu seiner Mannschaft, sogar wenn man Trainer und Vereinsführung nicht mag, die Mannschaft schlecht spielt und absteigt. Ist das der Unterschied zwischen Fan und Genosse?

Was nun?

Es ist acht Monate her, dass ich in die SPD eingetreten bin, acht Monate, in denen ich so »aktiv« war wie nie zuvor in meinem Leben, in denen ich Gerd, Hans und Franz erlebt habe, zahlreiche Sitzungen, Feste und Wahlkampfveranstaltungen. »Du hast dich verändert in diesen acht Monaten«, sagt meine Freundin, »du hast mehr Sexappeal bekommen.«

Ich schaue sie an. »Findest du wirklich?«

»Nein«, sagt sie, »war nur ein Scherz.«

Auch nach acht Monaten noch reagiert mein Umfeld belustigt über mein Dasein als Genosse. Aber mittlerweile macht es mir nichts mehr aus. Wer in diesen Zeiten schon mal Straßenwahlkampf für die SPD gemacht hat, den kann nichts mehr erschüttern. Manager zahlen Tausende von Euro für Seminare, bei denen sie auf Pfähle klettern müssen, um sich ihren Ängsten zu stellen – diese Selbsterfahrung habe ich als Genosse für 180 Euro im Jahr.

Niels Annen sagte: »Heutzutage denken die jungen Menschen gut darüber nach, wie sie ihre Zeit verbringen, ob es einen Nutzen für sie hat.« Sabine sagte: »Junge Leute machen meist nur Dinge, die einen persönlichen Mehrwert versprechen.« Wir tun Dinge, wenn sie uns nutzen, nach dem Motto »Blöd ist, wer sein Eigeninteresse vernachlässigt«. Wer fragt, warum Prominente wie Harald Schmidt oder Anke Engelke ihren guten Ruf für schlechte Werbung hergeben, bekommt als Antwort: »Die wären doch blöd, wenn sie es nicht machten.«

Also: Warum bin ich immer noch Genosse? Weil ich ein Buch darüber schreibe und hoffe, viel Geld damit zu verdienen? Weil ich viel lernen kann in der Partei? Weil ich Bestätigung und Anerkennung suche? Oder einfach nur, weil ich ein Träumer bin und die Welt verändern will?

Mit Büchern viel Geld verdienen, ist so eine Sache: Bislang bin ich zur Erkenntnis gelangt, dass es hundert andere Berufe gibt, mit denen sich sicher mehr Geld verdienen ließe.

Es stimmt, ich habe einiges gelernt in der Partei und kann auch noch viel mehr lernen. Alle, mit denen ich gesprochen habe, erwähnten, dass die Zeit in der Partei sie selbst weitergebracht hätte. Sie hätten gelernt, Politik zu machen, zu streiten, für ihre Meinung einzutreten, mutiger zu sein, frei vor Publikum zu reden, Niederlagen zu verkraften – sie hätten einfach viel über andere und sich selbst erfahren. Das gilt auch für mich.

In den acht Monaten habe ich eine Ahnung davon bekommen, was es bedeutet, Politik zu machen, wie schwierig es ist, eine Idee im eigenen Verband durchzusetzen, geschweige denn in der Partei oder gar im Parlament, wo noch andere Parteien sitzen. Ich hatte bis vor acht Monaten nie eigene Erfahrungen mit Politik gemacht, sie nur durch Medien vermittelt bekommen. Was so ist, als hätte ich Fußball geschaut, ohne je selbst gespielt zu haben. Und wie oft ärgere ich mich über Freunde, die keine Ahnung vom Fußball haben und Sätze rufen wie: »Der hätte doch nur schießen müssen!« Diese acht Monate waren für mich so etwas wie eine demokratische Weiterbildung.

Wenn ich aber darüber nachdenke, was mich in diesen acht Monaten am meisten motiviert hat, dann war es der Satz des türkischen Taxifahrers: »Seid mutig und macht weiter.«

Was so ein kleines Lob doch bewirken kann! Und wie selten es vorkommt! Als ich Johannes Stahl davon erzählte, sagte er: »Stimmt, wenn ich darüber nachdenke ... ich weiß gar nicht, ob mir das schon mal passiert ist.«

Natürlich kann ich mir Schöneres vorstellen, als mich samstagsmorgens, während die meisten meiner Freunde noch schlafen, im Regen auf die Straße zu stellen und mich von Omis als »Arsch« beschimpfen zu lassen. Ich kann solche Erfahrungen nicht mit »höheren« Idealen kompensieren. Ich stehe hier, weil ich die Gesellschaft verändern, die Welt verbessern will – solche Sätze motivieren mich nicht, dazu fehlt mir der Glaube. Das Faszinierende an Kathedralen ist für mich nicht deren Größe oder Reichtum, sondern die Vorstellung: dass allein ein Glaube Antrieb sein kann, solche gigantischen Bauwerke zu erschaffen. Ein Glaube an etwas, was weder zu sehen, zu fassen noch zu riechen ist. Allein dank der Kraft des Glaubens würde ich mich nicht für die SPD engagieren. Dazu bin ich viel zu pragmatisch. Ich brauche fühlbare »Erfolge«: in Form von Anerkennung und Lob oder als Gewissheit, dass ich doch Dinge beeinflussen kann. Niels Annen sagte: »Warum geht man in die Partei? Aus Sympathie? Nein. Weil man etwas bewirken und mit entscheiden will.«

Was kann ich mit entscheiden? Welche Menschen welche Ämter bekleiden. Zumindest in meiner Abteilung, meinem Juso-Kreis- und Landesverband. Ich kann Einfluss nehmen auf die Meinungsbildung und ich kann versuchen, ein Projekt, das mir wichtig ist, umzusetzen. Wie Johannes schon sagte: Solange man nicht die Räterepublik oder eine neue Linkspartei ausruft, kann man alles machen in der SPD.

Vor einigen Tagen brachte mich eine Freundin auf eine Idee. Sie ist in der Filmbranche tätig und erzählte von den vielen Premierenfeiern, auf die sie eingeladen wird. Von den gigantischen Buffets, die bis spät in die Nacht immer wieder aufgefüllt werden, mit Hummer, Kaviar, Lachs und anderen Köstlichkeiten. Jedes Mal wieder fragte sie sich, was mit all den Delikatessen anschließend passiert. Bis sie erfuhr, dass sie weggeworfen werden. Das beschäftigt sie und sie möchte gern etwas tun, um dieses Essen bedürftigen Menschen zukommen zu lassen. Nur allein fühlt sie sich überfordert. »Das wäre doch etwas für euch«, sagte sie, »könnt ihr nicht eine Art Umverteilung organisieren?«

Ich habe darüber nachgedacht und merke, wie sehr mir diese Idee gefällt. Nicht nur, weil es eine symbolische Umverteilung wäre, von Reich zu Arm, wofür die SPD eigentlich stehen sollte. Es wäre vielleicht sogar die Möglichkeit einer »sinnstiftenden« Parteiarbeit. Viele Menschen, die ich kenne, schrecken vor einer Partei auch deswegen zurück, weil sie glauben, dort verbringe man die meiste Zeit in Sitzungen, bei denen außer viel Gerede nichts herauskommt. Diese Menschen aber haben durchaus eine Bereitschaft zum Engagement. Vielleicht wäre das ja eine Möglichkeit, das Interesse an Parteien zu beleben. Vielleicht sollte man das politische mit dem sozialen Engagement verbinden?

»Eine super Idee«, sagt meine Freundin, »da würde ich sofort mitmachen.« Auch andere Freunde bieten ihre Hilfe an. Als ich Johannes davon erzähle, sagt er, er würde sofort mitmachen und ich solle meine Idee doch bei der nächsten Sitzung vorstellen. Es wird meine erste politische Initiative – das habe ich mir fest vorgenommen. Und freue mich darauf. Eine solche konkrete Aufgabe liegt mir näher als stundenlang über Anträge zu diskutieren.

Wenn ich Menschen von meinem SPD-Selbstversuch erzähle, ist deren erste Frage stets: »Und? Wirst du dabeibleiben?« Eine Frage, die ich mir natürlich auch schon gestellt habe. Um es vorwegzunehmen: Ja, ich werde Genosse bleiben. Auch wenn mir natürlich nicht alles, was ich erlebt habe, gefallen hat. So war ich vor kurzem auf meiner zweiten Juso-Landesdelegiertenkonferenz. Sie dauerte mehr als sechs Stunden, von abends um 18 Uhr bis nach Mitternacht. Ich habe oft auf die Uhr geschaut, und als wir nach drei Stunden immer noch beim dritten von sieben Tagesordnungspunkten waren, dachte ich: Ich halte es nicht mehr aus! Ich will nach Hause! Sofort!

Es wurde viel geredet, über ein neues Arbeitsprogramm, über Feminismus und die Quotierung von Referenten. Hätte man auf der Veranstaltung das berüchtigte DSF-Phrasenschwein eingeführt, in das jeder, der eine Phrase verwendet, zwei Euro stecken muss, man hätte am Ende ein Waisenhaus finanzieren können. Die beliebtesten waren: »Ich will mich kurz fassen«, »Es ist noch viel zu tun« und »Wir müssen den Worten Taten folgen lassen«.

Hätte ich eine Fernbedienung gehabt, ich hätte mich ins nächste Programm gezappt. So wie vor acht Monaten, als ich Politik noch als Fernsehzuschauer erlebte. Dann aber trat eine Frau ans Rednerpult und sagte, sie wolle einfach mal schildern, wie sie die vergangenen zwei Jahre bei den Jusos erlebt habe. Sie erzählte, wie sie damals von vielen Jusos gemobbt wurde, weil sie aus dem Kreis Nord-Ost kam und somit als »rechts« galt. Es sei das erste Mal gewesen, sagte sie, dass jemand von ihrem Wohnort auf ihre politische Gesinnung geschlossen habe. Sie redete von sich und machte doch viel mehr: Sie stellte alles in Frage, die vermeintlichen Grabenkämpfe, die ideologischen Rollenspiele, die Ritualisierung; auf einmal wirkte auf mich alles lächerlich, das Reden von großen Zielen, wenn man im Alltag zu verbohrt ist, um Menschen unvoreingenommen zu begegnen.

Ihr Auftritt hat mir etwas vor Augen geführt: nicht diejenigen sind das Problem, die nur in Phrasen reden, sondern diejenigen wie ich, die das Theater betrachten und denken: Wo bin ich hier gelandet? Warum sitze ich da und ärgere mich? Ich hätte, wie sie, einfach aufstehen, ans Rednerpult treten und sagen können: »Merkt ihr nicht, dass ihr alle Phrasen drescht?«, oder hätte einen Antrag für die Einführung eines Phrasenschweins stellen können! Oder oder oder…

Ich habe mich geärgert, aber nicht mehr über die anderen, sondern über mich und beschlossen: Ich will beim nächsten Mal nicht mehr still sitzen. Dann könnte ich nämlich auch gleich zu Hause bleiben.

Danksagung

Ich möchte mich für Hilfe bedanken bei: Niels Annen, Katja Apelt fürs Willkommensein, Johannes Arlt, Marco Bülow für seine Offenheit, Susann Engert für die zweistündige Zugfahrt nach München, Svenja Gamp für ihren Optimismus, Alexander Götz, Ephraim Gothe für das gute Gespräch, Thomas Hölzl für die Unterstützung bei den Spaghetti, Christiane Naumann für die netten Telefonate, Manuela, Mark Ruhrmann für die Wühlmaus-Arbeit, Sabine Schmidt, Johannes Stahl für die Torvorlage, Bernhard Suchy für den guten Rat, Stephan Schäfer, denk daran: in entscheidenden Momenten im Auto zu bleiben, dem Taxifahrer, Sven Vollrath und Thomas Wisniewski für den Mut zur Idee.

mehr: Sie stellte alles in Frage, die vermeintlichen Grabenkämpfe, die ideologischen Rollenspiele, die Ritualisierung; auf einmal wirkte auf mich alles lächerlich, das Reden von großen Zielen, wenn man im Alltag zu verbohrt ist, um Menschen unvoreingenommen zu begegnen.

Ihr Auftritt hat mir etwas vor Augen geführt: nicht diejenigen sind das Problem, die nur in Phrasen reden, sondern diejenigen wie ich, die das Theater betrachten und denken: Wo bin ich hier gelandet? Warum sitze ich da und ärgere mich? Ich hätte, wie sie, einfach aufstehen, ans Rednerpult treten und sagen können: »Merkt ihr nicht, dass ihr alle Phrasen drescht?«, oder hätte einen Antrag für die Einführung eines Phrasenschweins stellen können! Oder oder oder…

Ich habe mich geärgert, aber nicht mehr über die anderen, sondern über mich und beschlossen: Ich will beim nächsten Mal nicht mehr still sitzen. Dann könnte ich nämlich auch gleich zu Hause bleiben.

Danksagung

Ich möchte mich für Hilfe bedanken bei: Niels Annen, Katja Apelt fürs Willkommensein, Johannes Arlt, Marco Bülow für seine Offenheit, Susann Engert für die zweistündige Zugfahrt nach München, Svenja Gamp für ihren Optimismus, Alexander Götz, Ephraim Gothe für das gute Gespräch, Thomas Hölzl für die Unterstützung bei den Spaghetti, Christiane Naumann für die netten Telefonate, Manuela, Mark Ruhrmann für die Wühlmaus-Arbeit, Sabine Schmidt, Johannes Stahl für die Torvorlage, Bernhard Suchy für den guten Rat, Stephan Schäfer, denk daran: in entscheidenden Momenten im Auto zu bleiben, dem Taxifahrer, Sven Vollrath und Thomas Wisniewski für den Mut zur Idee.